Rainer Schmidt

Das kleine Teebuch

Sorten, Anbaugebiete und Zubereitung

Mit Fotografien
von Olaf Tamm und
Kurt-Michael Westermann

braumüller

Vorwort

Das Vorwort zu meinem letzten Teebuch überschrieb der befreundete Journalist und Wein- sowie mittlerweile auch Teekenner August F. Winkler mit den Worten:

Ein Leben für den guten Tee.

Den weltweiten Teehandel begleite ich nun seit über 50 Jahren.

Handel ist Wandel – das ist natürlich richtig, aber was sich gerade in den letzten Jahren in der Teewelt verändert, beängstigt mich. Die Schere zwischen guten Qualitäten und Bread-and-Butter-Tees klafft immer weiter auseinander. Erkennbar ist, dass das Qualitätsniveau bisheriger traditioneller Liefergebiete deutlich sinkt, und dass das Know-how immer weiter Richtung Masse als hin zur Klasse gelenkt wird.

Importe aus China, Japan oder anderen fernöstlichen Ländern haben es gelegentlich zwar schwer, den lebensmittelrechtlichen Bedingungen unseres Landes gerecht zu werden, stehen aber qualitativ deutlich besser da als die Massenware anderer Gebiete.

Erschreckend ist auch das fachliche Unwissen mancher hiesiger Teegeschäftsmitarbeiter, welches allzu oft auch im Internet landet. Personal mit einer guten, fundierten Ausbildung ist immer seltener zu finden. Das „Wissen“ basiert oftmals nur auf den Unterschieden zwischen Sanddorn-, Mango- und Zitronenaroma.

In diesem Buch stelle ich Ihnen die Teegärten Darjeelings etwas ausführlicher vor, soweit mir die Fakten bekannt sind. Im Durchschnitt sind in einem Teegarten 2.000 Menschen direkt oder indirekt beschäftigt, meist gehören zu jeder Plantage Kindergärten, Schulen und ein Hospital – fast eine Kleinstadt.

Ich finde es mehr als bedauerlich, wenn die Standardisierung einerseits zu deutlich mehr Maschineneinsatz und weniger Manpower führt, andererseits – um auf ein Leben für den guten Tee zurückzukommen – die Qualitäten weiter egalisiert werden.

Wählen Sie bitte nicht nur irgendeinen preiswerten Aufgussbeutel – kosten Sie sich durch die Welt der Tees, hinterfragen Sie kritisch beim Hotelfrühstück, was denn da in der Tasse schwimmt, suchen Sie sich in den Teespezialgeschäften eine wirklich angenehme, milde, weiche und blumige Sorte aus – es lohnt sich ganz bestimmt!

In diesem Sinne wünsche ich Ihnen viele neue Eindrücke beim Stöbern in meinem kleinen Teebuch –

Ihr Rainer Schmidt

Inhalt

Allgemeiner Teil

Tee nach Ländern

Weitere Tees

Teepflanze

Die immergrünen Teepflanzen gehören zur Gattung der Kamelien. Die Pfahlwurzel wächst mehrere Meter in den Boden hinein, die Blattkrone wird durch regelmäßiges Zurückschneiden auf circa einen Meter (Hüfthöhe) kurz gehalten. Die Blüten sind unscheinbar gelb/weiß und erinnern an Jasminblüten. Die Saat ist grün und kugelförmig. Heutzutage werden aber vorwiegend Stecklinge eingesetzt, die ein schnelles Wachstum garantieren.

Saatpflanzen können recht alt werden. In China wird nachweislich von Exemplaren berichtet, die über 500 Jahre alt sind und im Frühling immer wieder frische Blätter austreiben.

Stecklinge werden bereits nach 25 Jahren herausgenommen und durch neue ersetzt.

Die länglich ovalen Teeblätter sind seitlich gezackt und laufen spitz zu. Ausgewachsene Teeblätter ähneln jenen von Lorbeeren, sind dickfleischig und dunkelgrün. Geerntet werden allerdings nur die frisch geschossenen Triebe, die gut durch ihre gelbgrünliche Farbe zu erkennen sind. Noch nicht aufgegangene Teeblätter, also Blattknospen, sind in zarten, weißen Flaum eingehüllt. Beim fertigen schwarzen Tee leuchten diese goldgelb, beim grünen silbrig.

Das frische Teeblatt besteht zu 75 Prozent aus Wasser und zu 25 Prozent aus festen Bestandteilen; Proteine, Aminosäuren, Alkaloide, Polyphenole, Kohlenhydrate und aromatische Stoffe mit Vitaminen sind die Inhaltsstoffe.

Mittlerweile gibt es diverse, dem Anbaugebiet angepasste Kreuzungen. So hat man bespielsweise für Japan Pflanzen gezüchtet, deren Blattform nicht spitz zuläuft. Der Grund dafür: Diese Blattform kann maschinell problemlos geerntet werden. Spitz zulaufende Blätter würden von den Messern beschädigt werden.

Prinzipiell unterscheidet man zwischen zwei Grundteepflanzen: Thea assamica und Thea sinensis.

Bestandteile des Teeblatts

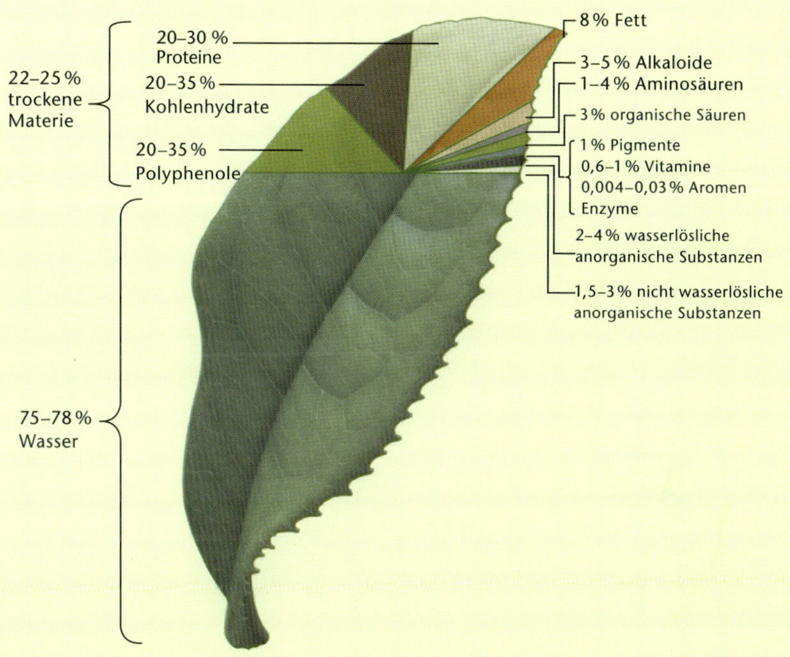

THEA ASSAMICA | ASSAMSAATPFLANZE

Ihre Herkunft ist nicht völlig geklärt. Man nimmt aber an, dass der Ursprung im Länderdreieck Indien-Myanmar-Bangladesch liegt. Die Assamsaatpflanze gedeiht hervorragend in flachen, sumpfigen Gebieten mit hohen Niederschlagswerten und tropischen oder subtropischen Temperaturen.

Die Pflanzen würden baumartig 16 bis 18 Meter hoch wachsen, würde man sie nicht herunterschneiden, die Blätter werden teilweise sogar handtellergroß. Die Thea assamica sorgt für eine ausreichende Erntemenge und dunkle Tassenfarbe.
Aus der Thea assamica werden vorrangig schwarze Tees hergestellt. Die intensiv dunkle Tassenfarbe begleitet ein ebenso intensiver, zum Teil auch malziger Geschmack. Dies sind ideale Tees für den Aufgussbeutel! Natürlich können auch grüne oder weiße Tees aus diesen Blättern produziert werden, was allerdings gutes fachliches Wissen voraussetzt.

THEA SINENSIS | CHINASAATPFLANZE

Die Herkunft dieser Pflanze liegt in China, wo sie in allerhöchsten Gebieten von über 3.000 Metern Höhe wächst und gedeiht. Ihre Blätter sind länglich oval, seitlich gezackt, spitz zulaufend, aber maximal daumengroß. Ohne Rückschnitt würde die Thea sinensis buschartig bis zu sechs Meter hoch werden.

Die Chinasaatpflanze kann kurzzeitig Frost vertragen und wird im Hochland Chinas, Sri Lankas, in Japan, Korea, Darjeeling und in geringen Mengen auch in den Nilgiris Südindiens, Thailand und Nepal angebaut. Die frisch geschossenen Blätter sind anfangs gelblich und wandeln ihre Farbe später in ein intensives Grün. In Japan werden sie häufig mit Reetmatten abgedeckt, somit werden auch die zarten jungen Blätter grünfarben.

Je höher der Teegarten liegt, desto geringer sind die Pflückintervalle. Chinasaat bringt feines Flavour, aromatischen Duft und meist eine sehr hell abgießende Tassenfarbe, daher eignet sie sich weniger für die Aufgussbeutelproduktion.

Die Mehrzahl der grünen, halbfermentierten und weißen Tees wird aus der Thea sinensis hergestellt. Allerdings kann man – besonders in Nepal und Darjeeling – auch hervorragende schwarze Tees damit produzieren.

Ernte

In vielen Anbaugebieten wird noch per Hand geerntet, und zwar immer „two leaves and a bud“ - also zwei bereits aufgegangene Blätter und eine Blattknospe. Bei der maschinellen Pflückung hat man darüber jedoch keine Kontrolle und erntet alles, was eine bestimmte Höhe überschritten hat. Abhängig von der Höhenlage wird mehrfach im Jahr geerntet. Grundsätzlich gilt: Je höher und je weiter entfernt vom Äquator der Teegarten liegt, desto größer sind die zeitlichen Ernteabstände. In Äquatornähe, also Sri Lanka, Indonesien, Tansania und Kenia, können die Pflückungen in 21-tägigen Intervallen durchgeführt werden

Das Pflücken der Teeblätter setzt Geschicklichkeit und ein gewisses Fachwissen voraus. Meist wird diese Arbeit nach wie vor von Frauen durchgeführt. Für die Teeproduktion unbrauchbare Blätter werden gleich vor Ort aussortiert, die restlichen wandern in den auf dem Rücken getragenen Sammelkorb.

Frisch geerntete Teeblätter sind meist gelb-grünlich, weich, und im Gegensatz zu den am Strauch verbleibenden älteren Blättern geschmeidig. Maschinelle Pflückungen finden mittlerweile immer häufiger statt. In Japan, aber auch in Assam (meist nach der Second-Flush-Ernte), Kenia, Malawi, Georgien und flachen Anbaugebieten Chinas werden dafür jeweils unterschiedliche Maschinen eingesetzt.

In Südindien, teilweise auch in Assam und China, werden halbautomatische Geräte zum Pflücken benutzt: Über eine scheren- bzw. zackenartige Front einer Kehrschaufel werden die Blätter abgeschnitten und in den Korb befördert. Bei maschinellen oder halbautomatischen Pflückungen ist die Kontrolle über das eingesammelte Blattgut nur bedingt möglich, bei der CTC-Produktion spielt dies aber nur eine untergeordnete Rolle.

ERNTEZEITEN

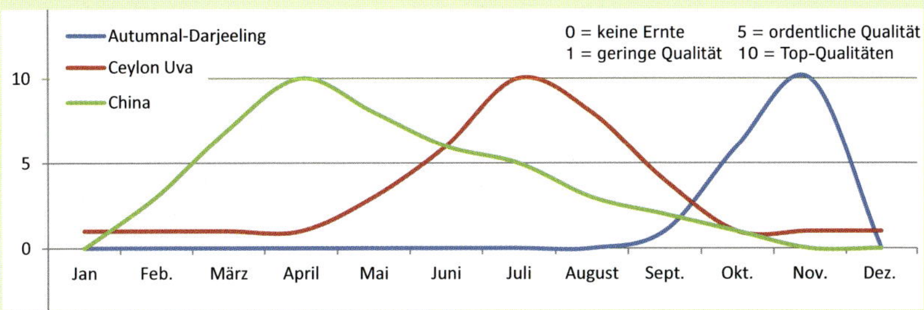

Bei den jeweiligen Ländern finden Sie weitere Grafiken zu den Erntezeiten.

Teeherstellung

Bei der Herstellung von schwarzem Tee werden die gepflückten Blätter an Sammelstellen gewogen und anschließend zur Fabrik gebracht, wo sie auf langen Welktrögen ausgelegt werden. Diese zehn bis 15 Meter langen, etwa zwei Meter breiten und eineinhalb Meter hohen offenen Behälter sind nach unten hin mit einem siebartigen Geflecht abgeschlossen. Anschließend werden die Blätter fünf bis zehn Zentimeter hoch in besagte Behälter geschichtet; von unten strömt frische Luft hinein, die man bei ungünstiger Witterung auch erwärmen kann. In diesem Behältnis verbleiben die Blätter bis zu 24 Stunden und werden regelmäßig gewendet, bis ein hoher Teil der eigenen Feuchtigkeit vertrocknet ist und die Blätter geschmeidig gewelkt sind.

Danach erfolgt das Rollen der welken Blätter. Bei diesem Vorgang kreist auf großen Rolltischen mit metallischen Unebenheiten ein schwerer Zylinder, der die Blätter immer wieder gegen die Unregelmäßigkeiten stößt – dabei brechen die Blattzellen auf und setzen Zellsäfte frei.

Jene Blätter werden in einem sogenannten „Ballbreaker" aufgebrochen. Wird wenig Wert auf Blatt-Tees gelegt, durchlaufen die Blätter eine Rotorvane-Maschine, die nicht nur die Blattlängen und -größen mit Messern egalisiert, sondern auch die Klumpenbildung ausschließt.
Dieses intensive Aufbrechen der Blattzellen bestimmt auch, welche Blattgrade später ausgesiebt werden können. Stärkeres und längeres Rollen bringt mehr Broken- und Fanningsgrade, kurzes hingegen mehr Blatt-Tees.

Für bis zu zwei Stunden legt man nun das feuchte grüne Blattgut im Fermentationsraum fünf Zentimeter hoch aus.

Durch die Dauer der Fermentation wird entschieden, ob der Tee später eine dunkle oder hellere Tassenfarbe erhält und wie intensiv das Flavour wird. Dafür gibt es eine einfache Formel: Kurze Fermentation ergibt eine helle Tassenfarbe und gutes Flavour, lange hingegen eine dunkle Tassenfarbe und kräftigen Geschmack.
Beendet wird dieser Vorgang, indem man die Blätter durch einen Ofen mit unterschiedlichen Hitzegraden laufen lässt. Der Trocknungsprozess dauert bei Temperaturen zwischen 80° C und 115° C ungefähr 18 Minuten – aus dem Dryer kommt dann erstmalig der fertige schwarze Tee.

Dieser duftet allerdings noch kaum. Erst wenn die Blätter richtig erkaltet sind, entwickelt sich das Aroma.

Danach muss der Tee ein umfangreiches Siebsystem durchlaufen, wobei bis zu 27 verschiedene Siebgrade eingesetzt werden. Hier sortiert man die hergestellten Schwarzteeblätter in: ***Blatt-Tee, Broken-Tee, Fannings-Tee, Dust-Tee.***

Diese unterscheidet man wiederum nach unterschiedlichen Gradierungen, die später in den Auktionen verkauft werden. Größere Mengen werden sofort in Säcke abgepackt, kleinere erst einmal in Vorratsbehältern gesammelt, bis eine volle Partie (meist 1.000 kg) vorhanden ist.

Maschinelle Teeherstellung (CTC) Schwarzer Tee

Es besteht ein verhältnismäßig einfaches Verfahren, um schwarzen Tee schnell und in gleich großen Blatt-Teilen herzustellen:

Nach dem Welken werden die Blätter in eine Maschine gegeben, in der zwei kräftige Walzen mit einem scharfen Wabengeflecht gegeneinander laufen. Anschließend werden sie von den Waben erfasst und beim Durchlauf zuerst zerquetscht, dann zerrissen und schließlich durch die runde Form der Walzen wieder etwas gekräuselt oder gedreht.

Man nennt dieses Verfahren **CTC – crushing, tearing, curling.**

Meist sind mehrere CTC-Roller hintereinander geschaltet, sodass das Blatt beim Heraustreten aus der einen Maschine gleich in die nächste fallen kann. Der große Nachteil dieser Produktionsart ist jedoch, dass dabei keine Blatt-Tees mehr hergestellt werden können und das Flavour, der zarte, feine Duft, völlig verschwindet.

Der Vorteil: Man erhält eine relativ gleichmäßige Teeblattproduktion, muss nur wenige Siebdurchläufe tätigen und hat einen sehr ergiebigen, besonders für Aufgussbeutel brauchbaren Tee. Die Produktionskosten können so erheblich gesenkt werden.

Ein idealer Tee besonders für die von England beeinflussten Regionen, in welchen dieser fast immer mit Milch und Zucker getrunken wird.

Tee-Arten

SCHWARZER TEE

Durchfermentierter Tee wird allgemein als schwarz bezeichnet. In China allerdings heißt dieser „roter Tee", bedingt durch die rötliche Tassenfarbe. Er wird vorrangig aus der Thea assamica oder Hybriden dieser Art hergestellt; die aus der Assamsaatpflanze gewonnenen Blätter erzeugen eine meist deutlich dunklere Tassenfarbe und sind kräftiger im Geschmack. Zusätzlich sorgen Tannine und andere Gerbstoffe der Pflanze für eine adstringierende Wirkung in den Mundschleimhäuten.

Dieser Vorgang ist ausschlaggebend für die spätere Tassenfarbe sowie den endgültigen Geschmack und Duft. Im Fermentationsraum werden die kleingewalzten Blatt-Teile offen und dünn geschichtet ausgelegt, damit der Sauerstoff in der Luft die Zellsäfte zum Oxidieren bringt.

Durch kurze Oxidationszeit erzielt man meist heller abgießende Tassenfarben und ein feines Aroma; bei längeren Fermentationszeiten hingegen gestaltet sich die Tassenfarbe des Tees meist deutlich dunkler und der kräftige Geschmack überdeckt die zarten, natürlich im Blattgut vorkommenden Aromen. Dieser Oxidations- bzw. Fermentationsprozess sollte spätestens nach zweieinhalb Stunden abgeschlossen sein, da der Tee sonst unnatürlich bitter wird.

Ob der Prozess im Übrigen als Oxidation oder Fermentation bezeichnet wird, darüber ist man sich in der Teewelt nach wie vor uneins, häufig werden diese beiden Begiffe synonym verwendet.

GRÜNER TEE

Grünen Tee kennt man bereits seit mehreren tausend Jahren. Ursprünglich wurden wohl in Japan und China die frischen, unbearbeiteten Teeblätter in heißes Wasser gegeben und das so entstandene Getränk konsumiert. Dies war selbstverständlich nur durch ein natürliches Vorkommen der Teepflanze im asiatischen Raum möglich.

Hauptsächlich verwendet man für die Herstellung dieser Tee-Art die kleineren und aromatischeren Blätter der Thea sinensis.
Mittlerweile werden aber häufiger Hybriden eingesetzt, die den Anforderungen der Anbaugebiete besser gerecht werden, da sie rund und nicht spitz sind – ideal für eine maschinelle Ernte.

Auch für grünen Tee sollte man möglichst immer nur „two leaves and a bud" ernten, allerdings werden (vorrangig in Japan) bereits seit längerer Zeit Pflückmaschinen eingesetzt – eine Gewährleistung für eine derart genaue Ernte ist somit leider nicht mehr gegeben.

Wichtig für die Herstellung grüner Tees ist, dass die frisch geernteten Blätter möglichst innerhalb einer Stunde nach dem Pflücken blanchiert werden. Hierzu gibt es verschiedene Methoden – in Japan verwendet man dazu meist kochenden Wasserdampf, in China hingegen stark erhitzte Gefäße wie Pfannen, Töpfe oder Trommeln. Durch das kurzzeitige Erhitzen der Blätter werden die Enzyme, die den Oxidationsprozess bewirken, vernichtet. Anschließend werden sie weiterbehandelt, geschmeidig gerollt, getrocknet und gesiebt.

Der große Vorteil dieser Methode: Die Inhaltsstoffe in den Blättern bleiben nahezu völlig erhalten. Grüner Tee besitzt deutlich mehr Vitamine, Geschmacks- und Aromastoffe als schwarzer, allerdings enthält er aufgrund dieser raschen Verarbeitung auch deutlich mehr Koffein!

Regeln zum Aufbrühen eines grünen Tees gibt es kaum – mit einer wichtigen Ausnahme: Kein frisch kochendes Wasser auf die Blätter gießen! Ob die Blätter mehrfach aufgebrüht werden können, ob man den ersten Aufguss sofort wegschüttet – das kann jeder für sich entscheiden.

Wie ich meinen Grüntee aufgieße:

Blättermenge, die zwischen Daumen und Zeigefinger passt, pro Tasse verwenden, Wasser aufkochen, danach circa 5 Minuten offen stehen lassen, damit es auf ungefähr 80° C erkalten und anschließend auf den Tee gegossen werden kann.

Sobald die Blätter auf den Sieb- oder Tassenboden sinken, ist der Tee trinkbereit (meist nach etwa 3 Minuten). Qualitativ hochwertige grüne Tees bittern nicht im Gegensatz zu beispielsweise Chun Mee, Gunpowder, Bancha oder Sencha. Es hilft meist, etwas Zucker oder auch einen Spritzer Zitrone hinzuzufügen – aber keine Milch!

Für mich persönlich ist außerdem ein zweiter Aufguss der Blätter meist genau das, wonach er benannt wurde, nämlich ein zweiter Aufguss. Und der schmeckt selten wie der erste …

Selbstverständlich gibt es besondere Tees, die auch kürzer ziehen dürfen, z. B. Japan Gyokuro oder Matcha. Bei diesen Sorten sollte man sich beim Kauf im Teefachgeschäft nach Zubereitungshinweisen erkundigen, da sie je nach Sorte sehr unterschiedlich aufgebrüht werden.

GELBER TEE

Gelber Tee ist eine chinesische Rarität aus Hunan, von der Insel Junshan im Dongting See.

HUANG SHAN MAO FENG

Im Prinzip handelt es sich dabei um einen leicht anfermentierten weißen Tee, der allerdings in einem äußerst aufwendigen Verfahren hergestellt wird. Die Blattspitzen werden sehr sorgfältig ausgesucht und zunächst kühl gelagert. Anschließend folgt die erste Trocknung. Danach werden die Spitzen beim Erhitzen wieder etwas angefeuchtet und anschließend in die zweite Trocknungsphase gegeben. Nach dem Erkalten der Blätter werden diese abermals angefeuchtet und erhitzt, dann geröstet.

Dieses Verfahren wurde erst kürzlich bekannt gegeben; zuvor war diese Teespezialität sehr lange Zeit nur dem kaiserlichen Hof vorbehalten.

Bekannteste Sorten sind der Mengding, der auch zu den zehn berühmtesten Teesorten Chinas gehört und der Junshan Yin Zhen. Aber auch der Huang Shan Mao Feng wird nach diesem Verfahren produziert.

Gelber Tee wird trotz langer Ziehzeit nicht bitter. Bewundernswert ist auch das Verhalten der Blattknospen in heißem Wasser: Anfangs liegen sie waagrecht an der Wasseroberfläche, nach etwa 5 Minuten aber drehen sie sich und sinken auf den Grund des Zubereitungsgefäßes, wo sie senkrecht stehenbleiben.

Eine Besonderheit, von der jährlich nur wenige Kilogramm verfügbar sind.

HALBFERMENTIERTER TEE

FORMOSA OOLONG

PU ERH

Ursprünglich wurden halbfermentierte Tees nur in Fukien hergestellt. Nachdem jedoch viele Chinesen nach Formosa übersiedelten, nahm man sich auch auf dieser Insel jener Teesorten an.

Halbfermentierte gibt es in zwei Kategorien: handgepflückt und maschinengeerntet. Die maschinell hergestellten Sorten sind einfach zu erkennen: Sie haben eine fast gleichmäßige Blattstruktur, sind dunkelbraun bis beinahe schwarz und ein sehr intensiver, nahezu stechender Röstduft geht von ihnen aus.
Aufgebrüht entsteht eine fast schwarze Infusion.

Die handgepflückten Sorten zeichnen sich durch ein buntes Blatt aus, das mit silbrigen Tips und zartem Flaum durchsetzt ist. Sie strahlen einen dezent brotigen, angenehm süßlichen und blütenreichen Duft aus, was sich auch im Geschmack widerspiegelt. Guter Oolong-Tee kann sehr lange ziehen, ohne dass er bittert.
Die Blätter werden nach der Pflückung zum Trocknen auf Horden unter freiem Himmel ausgelegt, wobei Sonneneinstrahlung vermieden werden muss. Durch anschließendes mehrfaches Walken der Blätter in Rollmaschinen wird die Fermentation eingeleitet.
Gute Oolong-Tees sind an der äußeren Blattkante braun, also bereits anfermentiert, und nach innen hin immer grünlicher werdend.

Der Fermentationsprozess wird abgebrochen, indem man die Blätter in Spezialöfen kurz und sehr heiß (bis 220° C) trocknet. Dadurch erhält der Tee seinen dezent brotigen Geschmack.

ROTER TEE

Schwarzer Tee wird in China eigentlich „roter Tee“ genannt, da man Tees nicht nach Aussehen des Blattes, sondern nach der Aufgussfarbe bezeichnet. Allerdings gibt es in China einen ganz besonderen roten Tee – den sogenannten „Pu Erh“.
Guter Pu-Erh-Tee kommt aus der gleichnamigen Stadt, welche in der Provinz Yunnan liegt. Er ist in gepresster Form als loser Tee im Handel erhältlich.

Ursprünglich presste man die Teeblätter mit Ochsenblut zu Ziegeln. Diese wurden besonders von Karawanen gern gekauft, welche von Sibirien nach Russland zogen. Beim abendlichen Lagerfeuer hing damals oft ein großer Topf mit Wasser über den Flammen, in den dann ein Ziegel Tee geworfen wurde – ein besonders nahrhaftes Getränk für alle Mitreisenden.

Mittlerweile werden diese Ziegel, besonders für Touristen, in unterschiedlichsten Formen als Souvenir verkauft.

Die Herstellung des Pu-Erh-Tees ist zwar langwierig, aber einfach. Blattqualität spielt hierbei keine Rolle, es werden alle Blätter verwendet, auch sehr große und ältere. Hoch geschichtet in einem besonderen Raum werden sie über einen gewissen Zeitraum regelmäßig mit frischem Wasser begossen, die unteren Blätter beginnen zu gären. In gleichen Intervallen werden sie nun umgeschichtet und reifen so innerhalb von sechs Wochen zum fertigen Pu Erh heran. Danach werden die Blätter sehr heiß getrocknet – fertig ist der Pu-Erh-Tee.

Geschmacklich ist der Pu Erh sehr erdig, teilweise sogar etwas schimmelig.

Die Blätter können mehrfach aufgebrüht werden – bis zu fünf Aufgüsse sind problemlos möglich. Je rötlicher die Farbe des Aufgusses, desto hochwertiger ist der Tee. Pu Erh sollte möglichst lange liegen, bis er in den Verkauf gelangt; für wirklich alte Sorten – sie werden nach Jahrgängen gehandelt – bezahlt man in Hongkong, Macao, Japan oder San Francisco Preise von bis zu € 1.000 pro 300-Gramm-Ziegel.

Dem Pu-Erh-Tee werden umfangreiche gesundheitsfördernde Wirkungen zugeschrieben.

WEISSER TEE

SILVER TIPS (YIN ZHEN)

Ganz nach chinesischer Bezeichnung anhand der Tassenfarbe sollte weißer Tee das Wasser kaum färben.

Gute weiße Tees werden vorrangig ab Mitte/Ende Februar bis Ende April geerntet, dann schießt der erste, während der Wintermonate angesammelte Saft aus den Wurzeln in die Zweige und es bilden sich neue Triebe. Knospen und Blätter enthalten wichtige Inhaltsstoffe – Vitamine, Spurenelemente, Geschmacks- und Duftstoffe. Man bemüht sich, nur die obersten zwei Blätter samt Knospe zu pflücken und trennt nachher in der Fabrik die nicht aufgegangenen Blattspitzen/Knospen von den Blättern – per Hand!

Ein gewaltiger Aufwand, denn um einen Kilogramm weißen Tee herzustellen, benötigt man im Schnitt 22.000 bis 25.000 Blattspitzen! Diese werden ebenso luftgetrocknet, d. h. man separiert sie vom übrigen Tee und lässt sie häufig unter freiem Himmel trocknen. Allerdings dürfen die Blätter keinem direkten Sonnenlicht ausgesetzt werden, denn dieses würde wichtige Inhaltsstoffe zerstören.

Eine andere Sorte des weißen Tees ist der Pai Mu Tan. Dieser Tee kann ebenso ein wunderbares Geschmackserlebnis sein, allerdings ist anzumerken, dass mittlerweile auch diese Teebüsche fast ganzjährig beerntet werden. Je später im Jahr die Ernte stattfindet, desto geringer sind die Inhaltsstoffe und desto weniger erinnert der Geschmack an richtigen weißen Tee.

Weiße Tees sind typische „Wellness-Tees", die man immer nebenbei trinken kann und die leicht, unaufdringlich und trotzdem schmackhaft sind. Diese Teesorte kann recht hoch dosiert werden, das Wasser sollte auf mindestens 80° C erkaltet sein und die Ziehzeit darf bis zu 10 Minuten betragen. Wenn notwendig, lässt sich auch etwas Zucker hinzugeben, obwohl gute weiße Tees bereits eine eigene Süße besitzen. Absolut vermeiden sollte man beim Genuss dieses Tees Milch!

Blattbezeichnungen

BEZEICHNUNGEN DER GRÜNEN TEES

Vorwiegend sind bei uns folgende Bezeichnungen im Handel gebräuchlich:

Gunpowder	kugeliges grünes Blatt in verschiedenen Größen *Pinhead Gunpowder* = nadelkopffeine, zarte, kleine Kügelchen *Half Gunpowder* = grobes, teilweise noch offenes, kugeliges Blatt, Spätsommerernte
Young Hyson	intensivgrün, gleichmäßig kugelig, Frühjahrsernte
Chun Mee	zartes bis grobes, kurzes, grünes Blatt hellere und dickere Blätter sind meist aus der Spätsommerernte
Sow Mee	unregelmäßig grobes, grünes Blatt Spätsommer-/Herbsternte
Gyokuro	zartes, nadelförmiges, tiefgrünes Blatt erste Frühlingsernte
Sencha	langes, gerades, hell- bis dunkelgrünes, flach gepresstes Blatt, Sommerernte
Bancha	sehr grobes, langes Blatt mit Stalks (Blattrippen) Rückschnitt der Teebüsche zur Winterruhe Herbsternte
Kukicha	aussortierte Blattrippen und Blattstängel, teilweise hervorragende Qualität, Frühlingsernte
Kokeicha	maschinell aus Dust und Fannings hergestellter Blatt-Tee
Genmaicha	mit Reis und Puffmais gemischter Grüntee
Matcha	pulverisierte Grünteeblätter der ersten Pflückung Aprilernte

Die weiteren Blattbezeichnungen lehnen sich an die jeweiligen Anbaugebiete an. Z. B. Lung-Ching-Tee hat immer ein langes, flach gepresstes Blatt, Lu An Gua Pian ein fleischiges, olivgrünes, langes Blatt und Tai Ping Hou Kui ein 2 bis 3 cm langes, jadegrünes Blatt.

BEZEICHNUNGEN DER SCHWARZEN TEES

Die vorgewelkten grünen Teeblätter durchlaufen bei der Zubereitung zum schwarzen Tee unterschiedliche maschinelle Prozesse, welche die Blätter geradezu malträtieren. Dabei werden sie gequetscht, gebrochen, zerrissen und zerdrückt. Dies wird mit unterschiedlichen Maschinen durchgeführt – der Rollmaschine, der Rotorvanemaschine und dem Ballbreaker.

Im Prinzip entstehen somit vier unterschiedliche Sortierungsgrade:
Blatt-Tee, Broken-Tee, Fannings-Tee (Aufgussbeuteltee), Dust-Tee.

Je länger und intensiver man das Blattgut bearbeitet, desto kleiner sind anschließend die Blatt-Teile. Bei starkem Einsatz von Rotorvanerollern erhält man somit vorwiegend Broken-, Fannings- oder Dustgrade, nach kurzer Bearbeitungszeit hingegen Blatt-Tee.

BLATT

Blatt-Tees sind meist recht aromatisch und zeichnen sich durch eine hellere Tassenfarbe aus. Der Geschmack darf als mild und zart beschrieben werden. Richtige Blatt-Tees können maschinell später kaum abgefüllt werden. Man erhält sie daher vorwiegend in den Teespezialgeschäften. Blatt-Tees bittern deutlich weniger als alle anderen Sortierungen, müssen allerdings auch höher dosiert werden. Ziehzeit maximal 3 Minuten.
Aus einem Kilogramm Blatt-Tee erhält man im Durchschnitt circa 600 Tassen.

BROKEN

Broken-Tees sind merklich kleiner als Blatt-Tees. Das Wasser kann diese bereits deutlich besser auslaugen, mit der Folge, dass sie das Wasser schnell dunkel färben und Gerbstoffe und Koffein freisetzen.
Die bitteren Gerbstoffe überdecken das zarte, milde Aroma bereits recht schnell. Broken-Tees sollten daher möglichst nicht länger als zwei Minuten ziehen – eine Minute reicht meist schon aus. Ein gestrichener Teelöffel Blätter pro Tasse genügt hierbei vollkommen. Zu dieser Sortierung passen hervorragend Milch und Zucker. Vorwiegend werden diese Tees maschinell in 100-, 250- oder 500-Gramm-Pakete z. B. für Supermärkte, abgepackt.
Aus einem Kilogramm Broken-Tee erhält man im Durchschnitt 800 Tassen Tee.

FANNINGS- ODER AUFGUSSBEUTELTEES

Fannings- oder Aufgussbeuteltees sind die dritte und mittlerweile wichtigste Blattgröße. Vorrangig verwendet man diese Sortierung, wie der Name schon sagt, für Aufgussbeutel, denn das sehr kleine Blattkorn kann schnell vom Wasser ausgelaugt werden, gibt so rasch Farbe ins Getränk und die Gerbstoffe lösen sich sofort. Mildes Aroma, zarter Duft und Geschmack gehen dabei nahezu völlig verloren. In den Aufgussbeuteln ist der Tee bereits tassenfertig portioniert; als losen Tee gibt es diese Blattgröße bei uns kaum im Handel.

Aus einem Kilogramm Fannings-Tee erhält man im Durchschnitt 1.000 Tassen.

DUST

Dust-Tees sind bei uns nicht handelsüblich, da sie selbst für gebräuchliches Aufgussbeutelpapier zu klein sind und durch die feinen Poren aus den Beuteln rieseln würden.

Aus einem Kilogramm Dust-Tee erhält man im Durchschnitt 1.200 bis 1.300 Tassen Tee.

Zu beachten ist:

Je kleiner das Teeblatt, desto geringer die Menge, die pro Tasse benötigt wird. Kleinblättriger Tee bittert schnell, färbt das Wasser dunkel und besitzt sehr selten ein feines Aroma.

Aufgussbeutel gehören zum Fast Food des Teegenusses – im Büro sind sie schnell und problemlos zubereitet, den Geschmack erhalten sie allerdings meist nur durch Hinzugabe von Zucker, Milch oder Zitrone.

Defintion der Blattgrade

In vielen Teegeschäften, wie auch auf den Packungen im Supermarkt, wird der Kunde mit Kürzeln wie **SFTGFOP1, TGBOP** oder **Pek** konfrontiert. Je mehr Buchstaben, desto besser und teurer der Tee – oder? Jedes Anbaugebiet nutzt eigene Kürzel oder Buchstabenkombinationen, daraus lässt sich für den Teetrinker aber kaum etwas ableiten. Vielmehr möchte ich eher behaupten, dass diese vorrangig zur Kundenverwirrung und zur Aufwertung eines einfachen Tees genutzt werden.

S	**Super oder silver** Werden von den Teegärtnern oft in eigener Regie hinzugeschrieben.
F	**Finest** Jeder Teegartenbesitzer kann gerade diesen Tee als feinsten bezeichnen.
T	**Tippy** Deutet ursprünglich auf goldene Blattspitzen hin – mittlerweile scheint es egal, ob diese im Tee vorhanden sind oder nicht.
G	**Golden** Sollten die Blattspitzen der Sommerproduktionen Assams und Darjeelings sein.
F	**Flowery – blumig** Auch hier ist die Fantasie der Plantagenmanager häufig riesig.
O	**Orange** Hat nichts mit Orangen zu tun. In Holland benannte man Mitte des 18. Jahrhunderts eine Teesorte aus der Kolonie Indonesien nach dem Königshaus als „Oranje Pekoe“. Oranje verwandelten die Engländer, die diesen Tee auch liebten, in „Orange“.
P	**Pekoe,** also Blatt
1	Steht für die erste und beste Aussiebung oder Sortierung. Eine zweite Aussiebung gibt es schon seit über 50 Jahren nicht mehr.

Findet man ein B mittendrin, ist es ein Broken-Tee; steht am Ende ein F, ist es ein Fannings-/Aufgussbeuteltee.

BLATTGRADE SCHWARZER TEES

GT

Golden Tips
Eine Seltenheit und Besonderheit zugleich. In Südindien und China werden die goldenen Blattspitzen per Hand aus dem Tee gelesen, in Assam hingegen wirft man den Blatt-Tee gegen aufgespannte Leinentücher, in denen sich dann die goldenen Blattspitzen mit ihren winzigen Haaren verfangen. Geschmacklich ein zarter, weicher und milder Tee, der nicht bittert und das Gegenstück zum weißen Silvery Needle/Buds darstellt.

SFTGFOP1

Special/Super Finest Tippy Golden Flowery Orange Pekoe 1
Beste Aussiebung mit relativ gleichmäßigem Blatt. Ein leichter, blumiger Tee aus Darjeeling, Assam, Terai, Dooars, Nilgiri und Nepal. Teilweise haben auch afrikanische Plantagen, die orthodoxe Tees herstellen, diese Bezeichnung übernommen.

TGFOP1

Tippy Golden Flowery Orange Pekoe
Bezeichnung einiger Teesorten in Assam, Terai, Nepal und Südindien. Auch aus Darjeeling gibt es gelegentlich diesen Blattgrad.

GFOP

Golden Flowery Orange Pekoe
Vorrangig erhalten Blatt-Tees aus Assam, Bangladesch, Kenia, Ruanda, Tansania und Nepal diese Bezeichnung.

FOP

Flowery Orange Pekoe
So bezeichnet man in Assam, Bangladesch, Südindien, Nepal, Vietnam, China, Indonesien, Kenia, Tansania, Ruanda und teilweise auch in Ceylon die Blatt-Tees.

OPsup

Orange Pekoe superior
feines, zartes Blatt mit vielen goldenen Tips – vorwiegend aus Indonesien

OP

Orange Pekoe
So werden Blatt-Tees ohne viele Stalks in Ceylon, Südindien, Türkei, Brasilien, Argentinien, Indonesien, Georgien und Afrika bezeichnet.

BLATTGRADE DER BROKEN-TEES

BOP1	**Broken Orange Pekoe 1** spezielle Blattgröße der Lowgrown Ceylons – auch als „Semi Leaf" bekannt
Pek	**Pekoe** in Ceylon eine gröbere Aussiebung als Broken-Tees, in einigen traditionellen Anbaugebieten auch als OP mit unregelmäßigem Blatt bekannt
BOPgrof	**Broken Orange Pekoe grob** indonesische Bezeichnung für einen Pekoe
BPS	**Broken Pekoe Souchong** grobe, leicht kugelige Blätter aus Assam und Darjeeling
FTGBOP1	**Finest Tippy Golden Broken Orange Pekoe 1** Bezeichnung für die hochwertigsten Aussiebungen in Assam, Darjeeling, Terai, Dooars und Nepal
TGBOP1	**Tippy Golden Broken Orange Pekoe 1** vorrangig aus Assam, Dooars und Terai, kleinblättriger Broken
GFBOP	**Golden Flowery Broken Orange Pekoe** Hauptblattgrade in Assam und der orthodoxen Teeproduktion in Kenia
GBOP	**Golden Broken Orange Pekoe** sehr kleinblättriger Broken aus Assam, Dooars, Terai und China
BOP	**Broken Orange Pekoe** vorwiegend aus Ceylon, Südindien, Indonesien, Türkei, Argentinien und China
BP	**Broken Pekoe** kommt meist aus Indonesien – ein kleiner, aber sehr schwerer Blatt-Tee
BT	**Broken Tea** Offgrade aus Indonesien

BLATTGRADE DER FANNINGS-TEES

FBOPF1	**Flowery Broken Orange Pekoe Fannings 1** Spezialauszeichnung besonderer Lowgrown Ceylon-Tees mit unregelmäßigem Blatt und vielen goldenen Tips
BOPF	**Broken Orange Pekoe Fannings** Hauptblattgrade orthodoxer Produktion in Indonesien, Ceylon, Südindien, China, Argentinien, Brasilien und der Türkei
TGOF	**Tippy Golden Orange Fannings** meist aus Nordindien – Darjeeling, Assam und auch Nepal
FOF	**Flowery Orange Fannings** Bezeichnung der orthodoxen Tees aus Assam und Terai
OF	**Orange Fannings** kleinblättrige Fannings aus Darjeeling, Südamerika, Afrika und Assam
PF	**Pekoe Fannings** orthodoxe Teesortierung für Aufgussbeutel in Indonesien
Offgrades	Absiebungen, die nicht den normalen Standards entsprechen, mit vielen Stalks (Blattrippen)

BLATTGRADE DER DUST-TEES

PD	**Pekoe Dust** Topgrad, einheitliches Korn
PD1	**Pekoe Dust 1** weitere Aussiebung, etwas kleiner
Dust 2/3	**Dust 2** 2. oder 3. Aussiebung, sehr klein und staubig
PD2	**Pekoe Dust** 2. Aussiebung
RD	**Residue Dust** Fluff, Sammlung der Dustreste

BLATTGRADE BEI CTC-TEES

BP1	**Broken Pekoe 1** gleichmäßig großer, maschinell hergestellter Broken
BP	**Broken Pekoe** unregelmäßiger, maschinell hergestellter, meist grober Broken
BOP	**Broken Orange Pekoe** kleinerer, maschinell hergestellter Broken mit kleinem Unterblatt
BT/BP2	**Broken Tea/Broken Pekoe 2** Broken mit Stalks und Fibre – Offgrade
PF/PF1	**Pekoe Fannings** Hauptgrad der CTC-Produktion
BMF	**Broken Mixed Fannings** Offgrade mit Fasern

Aufgussbeutel

Obwohl mindestens 70 Prozent der Welt Tee über Aufgussbeutel konsumiert, bin ich kein Freund dieses „Fast Foods“. Kein Aufgussbeutel kann mit losem Tee geschmacklich konkurrieren. Um z. B. Darjeeling-Tees für Aufgussbeutel einsetzbar zu machen, muss man diese mit Assam oder Ceylon mischen, damit sich das Wasser überhaupt färbt und Geschmack in das Getränk kommt.

Die Teecaddies, also die längeren Teebeutel für kleine Kannenportionen, sind zwar ein Schritt in die richtige Richtung, bringen aber auch nicht den gewünschten Geschmack.
In den Pyramidenbeuteln können sich die Blätter immerhin besser entfalten als in den herkömmlichen Teebeuteln, dennoch besteht das Beutelmaterial aus Plastik und verändert meines Erachtens den Geschmack.

Nicht nur, dass ich mit der Qualität und dem Geschmack der Aufgussbeutelware hadere, ich meine auch, dass der enorme Materialaufwand, um 1,5 g Tee zu verpacken, in keinem Verhältnis zur praktischen Anwendung steht. In den Plastikpyramidenbeuteln müssen die sonst bestens kompostierbaren Teeblätter im Hausmüll entsorgt werden.

Einkauf

Lassen Sie sich nicht durch undefinierbare Blattbezeichnungen täuschen, sondern kaufen Sie möglichst nur Tee, den Sie im Geschäft auch sehen können. Ist der Tee sehr staubig, könnte es sich um einen älteren handeln. Fragen Sie nach dem Erntejahr – besonders bei First-Flush-Darjeelings und grünem Qualitätstee.

Falls Sie die Sorte wechseln möchten, versuchen Sie den Tee vorher zu kosten; entweder mittels einer kleinen Probe oder durch Kauf der geringsten Menge. Generell ist ab und an ein Sortenwechsel sehr zu empfehlen, besonders bei grünem und weißem Tee.

Eine hervorragende Alternative sind die oft angebotenen Tee-Verkostungen oder Tee-Seminare. Nicht jeder gute Tee muss einem zwangsweise auch schmecken – bei solchen Events lässt sich der eigene Geschmack aber sehr gut bestimmen.

Lagerung

Lagern Sie den Tee möglichst an einem neutralen Ort. Die Nähe von Kaffee, Gewürzen oder Backmitteln ist nicht von Vorteil – Teeblätter nehmen fremde Gerüche sehr schnell an. Wählen Sie gut verschließbare Gefäße; dabei spielt es eine untergeordnete Rolle, ob diese aus Metall, Glas, Keramik oder eventuell sogar Plastik sind. Gute Tupperdosen, die ausschließlich für Tee eingesetzt werden, sind ebenso empfehlenswert wie z. B. Glasbehälter von IKEA. Wichtig ist vor allem ein luftdichter Verschluss.
Tee sollte nicht im Sonnenlicht, am Fenster oder unter Halogenleuchten gelagert werden.
Dekorative Dünnblechdosen aus China oder Indien können zwar attraktiv aussehen, aber auch Metallgeschmack auf den Tee übertragen.

Glasdose mit Aludeckel

Glasdose mit Holzdeckel

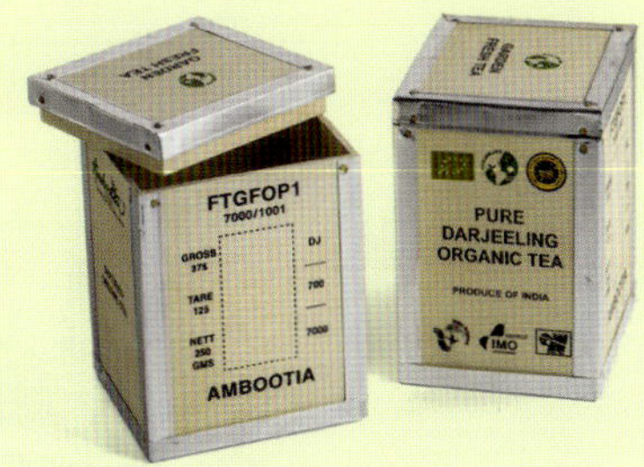

Teebehälter aus Holz

Tipp

Lagern Sie den Tee bitte nicht in Papier- oder Cellophantüten, die Sie beim Einkauf erhalten, da diese licht- und luftdurchlässig sind.

Tee und Gesundheit

Erst im Laufe der Zeit hat sich Tee zu einem Genussmittel entwickelt, ursprünglich war er in China nur als Heilmittel gebräuchlich. So wundert es nicht, dass Tee diverse heilende Wirkungen nachgesagt werden. Diese müssen jedoch nicht eintreten, sie sind von der Konstitution des Teetrinkers abhängig.

Antikarzinogene Wirkungen

Grüner Tee verringert das Krebsrisiko. Wissenschaftliche Studien aus Japan beweisen, dass in Regionen, wo hauptsächlich Tee angebaut wird, generell weniger Krebstodesfälle auftreten als in vergleichbaren anderen Gebieten. Man stellte dieses Phänomen besonders bei den Bewohnern fest, die regelmäßig viel und konzentrierten Tee trinken und auch immer wieder frische, neue Teeblätter verwenden. Bei Untersuchungen mit Mäusen und Ratten am Krebsinstitut der Chinesischen Akademie der Wissenschaften wurden bei der Verabreichung von Tee-Extrakten ein bis zu 50 Prozent verringertes Aufkommen von Krebs diagnostiziert. Schwarzer und grüner Tee hemmen karzinogenaktive Enzyme und damit die Entstehung von Tumoren.

Grüner Tee senkt den Cholesterinspiegel

In China und Japan haben wissenschaftliche Studien an Tieren und Menschen eindeutig bestätigt, dass regelmäßiger Konsum von grünem Tee den Anstieg des Cholesterinspiegels deutlich einschränkt, den Anteil von LDL- und VLDL-Cholesterin im Blut senkt und gleichermaßen die HDL-Fraktion erhöht.

Grüner Tee regelt hohen Blutdruck

Untersuchungen haben ergeben, dass die Catechine im grünen Tee die gefäßverengende Wirkung des Angiotensin-konvertierenden Enzyms hemmen.

Grüner Tee senkt den Blutzuckerspiegel

In japanischen Studien an Tieren wurde festgestellt, dass Catechine und Polysaccharide eine blutzuckersenkende Wirkung im Körper erzeugen können.

Grüner Tee verlangsamt den Alterungsprozess

Im grünen Tee sind die Vitamine C und E reichlich enthalten, die zusammen mit den Catechinen das Oxidieren der Lipide (= Fette) verringern. Darauf verweisen bisherige Laborversuche. Es darf aber davon ausgegangen werden, dass der verhältnismäßig hohe Gehalt an Antioxidantien beim regelmäßigen Genuss guter grüner Tees dabei behilflich ist, den Alterungsprozess positiv zu beeinflussen.

Grüner Tee macht munter
Da sich das Koffein des grünen Tees erst im Darm löst, geht die Wirkung daher zunächst in das Gehirn und erst danach in den Kreislauf, weshalb grüner Tee tatsächlich munter macht.

Grüner und schwarzer Tee helfen der Verdauung
Es ist wissenschaftlich bewiesen, dass der grüne Tee eine bakterientötende Wirkung besitzt und häufig auch in konzentrierterer Form als Mittel gegen Durchfall verwendet wird. Länger gezogener schwarzer Tee, vorrangig aus China, wirkt sich besonders bei Durchfall und dünnem Stuhl beruhigend auf die Darmflora aus.

Grüner Tee hilft bei Karies
Grüner Tee verfügt über eine Vielzahl von mundhygienischen Eigenschaften. So stärkt er den Zahnschmelz, besitzt eine abtötende Wirkung auf die Kariesbakterien und bekämpft erfolgreich Mundgeruch.

Grüner und schwarzer Tee wehren Grippeviren ab
In japanischen Studien konnte nachgewiesen werden, dass die Catechine des grünen Tees und die bereits oxidierten Catechine im schwarzen Tee, die Theaflavine, zur Stärkung des Immunsystems beitragen und Grippeviren erfolgreich bekämpfen können.

Grüne, schwarze und weiße Tees sorgen für Entspannung
Schwarze, grüne und weiße Tees wirken entspannend auf das mentale Wohlbefinden und haben positive Auswirkungen auf den Hautalterungsprozess.

Grüner Tee hilft bei Depressionen und fördert die geistige Leistungsfähigkeit
Dem Theogallin wird eine antidepressive Wirkung sowie eine Verbesserung der geistigen Leistungsfähigkeit zugeschrieben.

Grüne, weiße und schwarze Tees regen die Blasenfunktion an
Regelmäßiger Teekonsum aktiviert die Nieren- und Blasenfunktion des Körpers.

Grüner und schwarzer Tee sind hervorragende Durstlöscher
Polyphenole, Vitamine und viele andere Inhaltsstoffe erfrischen den Körper, geben dem Blut notwendige Inhaltsstoffe und machen grüne und schwarze Tees zu einem erstklassigen Durstlöscher – besonders im Sommer.

Tees unterstützen ideal eine Diät
Der Oolong-Tee hilft dem Körper einerseits, Fette besser abzubauen, und regt andererseits die Verdauung an. Auch der Pu-Erh- und der Tuo-Cha-Tee aus China unterstützen aktiv beim Abnehmen.

Genusstipp

Für die Gesundheit nützt es wenig, 100 g Tee im Küchenschrank gut aufzubewahren. Tee sollte man trinken, regelmäßig, am besten täglich, im Sommer wie im Winter.

Wasser

Für die Teezubereitung eignet sich normalerweise das Wasser aus der Leitung. Verwenden Sie immer frisches, kaltes Wasser, denn bereits abgekochtes oder warmes kann geschmacksbeeinträchtigend sein. Gefiltertes Wasser ist in Ordnung; es gibt unterschiedliche zuverlässige Anbieter. Ich empfehle allerdings immer, lieber einen Tee auszusuchen, der auch im ungefilterten Wasser gut schmeckt.

Wasserhärten

Unter Wasserhärte versteht man die Konzentration von Calcium- und Magnesium-Ionen im Wasser. Sie wird in „Grad deutscher Härte“ (°dH) angegeben. Unter 8,4° dH spricht man von weichem Wasser, zwischen 8,4° und 14° dH von mittlerem Härtegrad, über 14° dH gilt das Wasser als hart.

Die Wasserhärte kann auf den Gemeindeämtern direkt oder telefonisch beziehungsweise online auf der Homepage des Wasseranbieters erfragt werden. Alternativ sind auch Teststreifen in der Apotheke erhältlich.

Wasserhärten
in Deutschland, Österreich und der Schweiz

Deutschland

Hessen

Hohenroda	36
Münzenberg	31
Frankfurt	27
Birkenau	27
Rüsselsheim	24
Darmstadt	18
Offenbach/Main	13
Hofheim Ts.	20
Idstein	19
Kronberg	4
Federheim	4
Königstein	5

Niedersachsen

Wolfsburg	8
Königslutter	35
Bad Essen	28
Hameln	23
Georgsmarienhütte	23
Oldenburg	10
Göttingen	7
Emden	12
Stade	13
Neu Wulmstorf	14
Baltrum	5
Bad Zwischenahn	6
Aurich	5

Schleswig-Holstein

Grömitz	20
Kiel	20
Eutin	19
Lübeck	19
Schwentinental	18
Trittau	14
Malente	17

Mecklenburg-Vorpommern

Lussow/Stralsund	35
Rostock	16
Schwerin	17
Neubrandenburg	17
Güstrow	22

Nordrhein-Westfahlen

Köln	20
Essen	7
Dortmund	7
Düsseldorf	14
Bonn	6
Oberhausen	10
Duisburg	15
Mönchengladbach	14
Wuppertal-Elberfeld	8

Rheinland-Pfalz

Mainz	20
Kaiserslautern	4
Trier	6
Neuwied	13
Bingen	24

Saarland

Saarbrücke	8
Homburg/Saar	7
Saarlouis	10
St. Ingbert	4
Neunkirchen	6

Baden-Württemberg

Stuttgart	11
Mannheim	18
Freiburg i. Br.	9
Ulm	14
Karlsruhe	18
Heidelberg	18
Ludwigshafen	10

Bayern

Nürnberg	14
Würzburg	41
München	16
Regensburg	17
Ingolstadt	20
Passau	12
Landsberg	21

Thüringen

Erfurt	18
Jena	18
Mühlhausen	30
Ilmenau	7

Sachsen

Dresden	8
Leipzig	17
Chemnitz	4
Plauen	9
Bautzen	7
Zwickau	4

Sachsen-Anhalt

Magdeburg	14
Halle/Saale	8
Halberstadt	13
Naumburg/Saale	23
Merseburg	9
Lutherstadt Wittenberg	7

Brandenburg

Cottbus	14
Falkensee	18
Brandenburg	11
Frankfurt/Oder	16
Potsdam	15
Bernau	15

Hamburg

Eppendorf	14
Altona	7
Brahmfeld	51
Ottensen	7
Stellingen	16
Wohldorf-Ohlstedt	13

Bremen

Bremen Stadt	5
Bremerhaven	7
Bremen – Horn-Lehe	9
Bremen-Mahndorf	8

Berlin

Spandau	16
Tempelhof	16
Prenzlauer Berg	19
Pankow	17
Steglitz	18
Neukölln	16

Österreich

Wien 8

Steiermark

Ilz	18
Gaishorn am See	15

Tirol

Kramsach	14
Breitenbach	10
Mariastein	9
Innsbruck	3
Oberperfuss	1

Vorarlberg

Lustenau	17

Kärnten

Klagenfurt	20
Reißeck	2

Oberösterreich

Linz	20
Taufkirchen	11
Kirchdorf	13
St. Florian	16

Niederösterreich

Stockerau	27
Bad Pirawarth	26
Rastenfeld	6
Ernsthofen	10

Burgenland

Eisenstadt	8

Salzburg

Göring	23
St. Georgen	23
Salzburg	10

Schweiz

Kanton Glarus 8

Kanton Bern

Interlaken	10
Thun	12
Köniz-Liebefeld	24
Spiez	12
Wimmis	13

Kanton Basel-Landschaft

Eptingen	31
Füllinsdorf	16
Langenbruck	11
Duggingen	15
Burg im Leimental	16
Frenkendorf	27
Bretzwil	21
Ramlingsburg	31

Kanton Aargau

Biberstein	16
Schinznach	31
Oeschgen	30
Stein	26
Zeihen	22
Oberflachs	22
Würenlos	21
Othmarsingen	21
Hunzenschwil	21
Seon	19

div. Kantone

Basel	15
Benken	21
Sissach	21
Lupsingen	15
Aesch	15
Erstfeld	3
Melchtal	8
Münchwilen	25
Pratteln	19
Jaunpass	9
Innenthal	10
Ebnat-Kappel	12
Wattwil	15
Oberembrach	22
St. Gallen	9
Zollikon	11
Küsnacht	11
Zug	14
Cham	14
Melchtal	8
Yvonand	17
Frauenfeld	14
St. Margarethen	9
Neunkirch	8
Thal	9
Rorschacherberg	13
Waldkirch	20
Salenstein	17
Wagenhausen	4
Basadingen	21
Morges	18
Lausanne	8
Gland	11
Genf	16
Winterthur	19
Zürich Stadt	16

BIO-TEES

Seit Anfang der 1990er-Jahre sind Bio-Tees, besonders aus Darjeeling, bei uns bekannt. Weniger bekannt dürfte jedoch sein, dass es in China bereits seit 1970/71 sogenanntes „Green Food“ gibt: landwirtschaftliche Produkte, natürlich auch Tee, die unter ökologischen Bedingungen wachsen und hergestellt werden.

Mehr und mehr Teegärten gesellten sich zu der Gruppe der zertifizierten hinzu. Anfangs war die Zurückhaltung stark ausgeprägt; besonders in Indien scheute man sich, die doch erheblichen Kosten für die jährlich durchzuführende Zertifizierung zu tragen.

Mittlerweile hat sich die Ungewissheit und Aufregung gelegt und die Mehrzahl der Darjeeling-Teegärten ist bereits zuverlässig zertifiziert.

Anders verhält es sich in Assam. Aufgrund des immer wieder auftretenden Hochwassers des Brahmaputra, der Schlamm und Geröll von einem Teegarten in den anderen trägt, gibt es sehr wenige Plantagen, die das Siegel beantragt und erhalten haben. Zusätzlich erzielen die Assam-Tees im eigenen Land hervorragende Preise und man erkennt keine Notwendigkeit, die Produktion auf ökologische Basis umzustellen.

In Sri Lanka wurden anfangs jene Teegärten zertifiziert, die mehrere Jahre hindurch aufgrund schlechter Ertragslagen überhaupt nicht bebaut wurden und auf denen die Teebüsche mittlerweile wild wuchsen; dabei spielen bis heute Ceylon Bio-Tees nur eine völlig untergeordnete Rolle, da man für konventionelle Tees weltweit hervorragende Preise erzielt. Die wenigen verfügbaren Bio-Tees Sri Lankas sind relativ teuer.

In Afrika wird leider häufig zwischen konventionellem und biologischem Anbau gewechselt. Eine langfristige gleichbleibende Produktion ist nicht bekannt.

Fast alle in Deutschland eintreffenden Teepartien werden vor der zollamtlichen Abfertigung rückstandskontrolliert und entsprechen somit den gesetzlichen Richtlinien. Der Hinweis „aus kontrolliert biologischem Anbau“ ist zuverlässig und der Teetrinker kann ihm vertrauen. Allerdings empfehle ich, immer auf die Teequalität zu achten. Bio-Tees erreichen häufig leider nicht das qualitative Niveau konventioneller Sorten.

Teezubereitung

Die Teezubereitung sollte auf jede Sorte individuell abgestimmt werden. Es gibt keine allgemeinen Regeln zur Teezubereitung – jeder kann nach eigenen Vorlieben verfahren. Beachten Sie aber bitte dennoch auch die Hinweise auf den Etiketten der Teepackungen.
Die richtige Teesorte, eine einfache Teekanne, Sieb und Wasser – mehr benötigt man nicht, um einen Tee zuzubereiten.

Auswahl der Teesorte:
Wählen Sie Teesorten, die Ihnen in Ihrem Wasser schmecken. Ist das Wasser weich, gelingen fast alle; bei hartem Wasser sollte man erst einmal kleine Mengen kaufen und austesten. Selfdrinker wie z. B. Top Formosa Oolong, China Keemun Mao Feng, China Aromatic Oolong oder auch verschiedene Assam-Tees schmecken und gelingen in jedem Wasser.

DOSIERUNG DER TEEBLÄTTER

Schwarzer Tee	Für Blatt-Tees wird mindestens 1 leicht gehäufter Teelöffel pro Tasse verwendet. Für Broken-Tees reicht meist 1 gestrichener Teelöffel aus; für eine Kanne von 1 l Volumen (= 6 Tassen) genügen meist 4 Teelöffel. Bei Tee gilt: Weniger ist oft mehr!
Grüner Tee	Ein Drittel oder sogar ein Viertel der Menge, die Sie für schwarzen Tee verwenden, reicht bei grünem völlig aus. Die Menge Blätter, die locker zwischen Daumen und Zeigefinger passt, ist vollkommen ausreichend.
Weißer Tee	1 gut gehäufter Teelöffel Blattspitzen pro Tasse

Tipp

Wenn der Tee nicht absinkt, handelt es sich um bereits ältere Blätter.

ZIEHZEIT

Schwarzer Tee sollte nicht länger als maximal 3 Minuten ziehen, es sei denn, auf der Packung stehen andere Informationen.

Grüner Tee ist meist nach 3 Minuten trinkbereit. Hochqualitativer grüner Tee wird nicht bitter – die Blätter können auch länger im Wasser verbleiben. Dies gilt jedoch nicht für Gunpowder, Chun Mee, preiswerten Sencha und Bancha.

Bei weißem Tee sind Ziehzeiten von bis zu 8 Minuten möglich.

Der Tee, egal ob schwarz, grün oder weiß, ist allgemein trinkbereit, sobald die Blätter auf den Boden des Siebes/Filters sinken.

Mehrfaches Aufbrühen der Teeblätter – besonders bei grünem Tee – empfehle ich nicht, da erstens feucht gewordene Teeblätter krebserregende Schimmelpilze geradezu magisch anziehen und zweitens die Blätter bei zurückhaltender Dosierung bereits beim ersten Aufguss gut ausgelaugt wurden.

Zusätze zum Tee

Schwarzer Tee kann gern mit Zucker oder Kandis gesüßt werden. Ob Milch oder Zitrone hinzugefügt werden, hängt von der Teesorte ab. Ein First-Flush-Darjeeling sollte niemals mit Sahne, Assam möglichst ohne Zitrone getrunken werden.

Honig ist zwar gesund, lässt aber kaum den Geschmack des Tees erkennen. Und die Frage des Rums sollte jeder für sich selbst entscheiden.
Grüner und weißer Tee ist sehr zart im Geschmack, deshalb eventuell etwas Zucker, bitte aber keine Milch hinzugeben, gegebenenfalls einen leichten Spritzer Zitrone.

THERMOSKANNE

Aufgebrühter Tee, egal ob schwarz oder grün, verändert Farbe und Geschmack recht schnell, da die ätherischen Öle sehr intensiv wirken. In einer Thermoskanne sollte daher möglichst nur leichter, klarer Tee wie z. B. First-Flush-Darjeeling oder Dimbula Ceylon mitgenommen werden – diese Sorten verändern sich meist erst später. Assams oder Second-Flush-Darjeelings beginnen schnell zu cremen, werden unansehnlich und schmecken meist nicht mehr.

Kräuter-, Rooibos- und Früchtetees eignen sich hervorragend für die Thermoskanne.

Bei grünem und weißem Tee empfehle ich folgende Vorgehensweise, welche seit langer Zeit in fernöstlichen Ländern praktiziert wird. Anstatt des fertigen Tees gießt man das abgekochte Wasser in die Thermoskanne, die Teeblätter nimmt man separat mit. Erst bei Bedarf werden sie in das Glas/die Tasse/den Becher gegeben und mit dem mittlerweile richtig temperierten Wasser aus der Thermoskanne übergossen.
Wenn die Blätter auf den Glasboden sinken, ist der Tee trinkbereit.

Teekanne und Teegeschirr

Teekannen gibt es in unterschiedlichster Form und Ausstattung. Ich empfehle meist eine relativ neutrale Glaskanne mit Edelstahlsieb: Die Blätter werden in das Sieb gegeben, kochendes bzw. leicht erkaltetes Wasser hinzugegeben und nach der Ziehzeit wird das Sieb einfach wieder aus der Kanne entfernt – schon ist der Tee fertig.
Im Edelstahlsieb können sich die Blätter bestens entfalten, außerdem kann es sehr leicht entleert und gesäubert werden. Auch ist in der Glaskanne immer genau zu erkennen, ob und wie viel Tee noch vorhanden ist.

STÖVCHEN

In der Glaskanne, z. B. von der Firma Mono, bleibt der Tee ohne Stövchen circa 1 bis 1 ½ Stunden trinkbar warm. Ein Stövchen kann die Restmenge Tee zwar wieder erhitzen, dieser wird dann aber unansehnlich, flockt aus und verliert völlig sein Aroma.
Ein Stövchen ist allerdings sehr stimmungsvoll und wenn der Tee zügig getrunken wird, ist dagegen nichts einzuwenden.

Müssen Teekannen innen gesäubert werden?
Ton- und Eisenkannen bitte nicht säubern, da Waschmittelreste aufgrund der porösen Strukturen der Gefäße haften bleiben; alle anderen schon.

TEEFILTER

Teefilter sind recht nützlich, besonders bei aromatisierten, Kräuter-, Rooibos- oder Früchtetees. Achten Sie bitte auf große Beutel, damit sich die Blätter gut darin entfalten können.

IKEA verkauft einen Edelstahlfilter zum Einhängen in den Becher oder die Bürotasse – eine hervorragende und praktische Alternative.
Baumwollnetze sind sehr empfehlenswert, auch wenn sie nach mehrfachem Gebrauch unansehnlich werden. Sollten Sie unterschiedliche Teesorten trinken, bitte für jede Tee-Art ein separates Baumwollnetz besorgen.

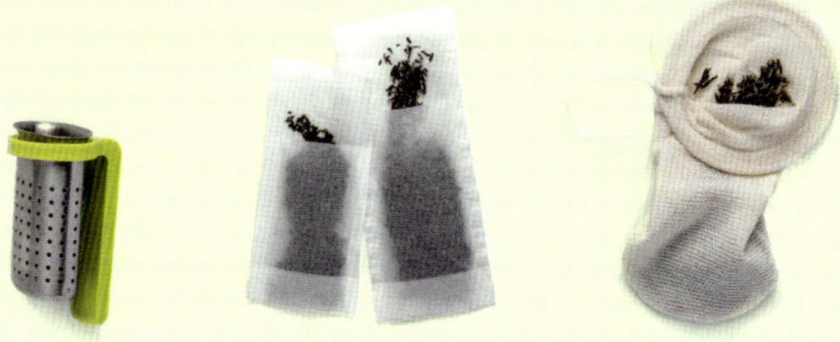

TEETASSEN

Eine gute Teetasse sollte breit geöffnet sein, damit der Tee schneller abkühlt und trinkbar wird, und er außerdem immer hell und freundlich erscheint. In engen Teetassen wirkt selbst ein leichter Tee dunkel und kräftig. Ich empfehle gute Teegläser, wunderbar eignen sich auch Porzellantassen. Bei ersteren sieht man weiters, was man trinkt und wie viel noch im Glas vorhanden ist.

Teegeschichte

Wie lange Tee bereits bekannt ist, lässt sich heute nicht mehr eindeutig feststellen. Schenkt man den Sagen Glauben, dürfte aber bereits 2737 Jahre v. Chr. erstmalig Tee als Getränk Erwähnung gefunden haben. Die ersten authentischen Beschreibungen stammen etwa aus 300 n. Chr.

Traditionell kommt Tee aus China. Um das Jahr 600 n. Chr. gelangte er erstmals nach Japan, stieß dort auf reges Interesse und wurde umgehend kultiviert. Während in China und Japan vorrangig die Thea sinensis angebaut wurde, pflanzte man in Vietnam, Myanmar, Malaysia und Laos die Thea assamica. In diesen Ländern findet man zudem baumartige Teepflanzen mit sehr großen Blättern, deren Ursprung man selbst heute nicht mehr nachvollziehen kann. Vermutlich gelangten entweder die Teesamen aus Assam dorthin oder sie wurden von den Hmong, einem Volksstamm mit tibetanischen Wurzeln, verbreitet.

Schon vor etwa 400 Jahren brachten erste Frachtensegler die zarten Blätter aus Japan und später auch aus China nach Europa. Die in Holland gegründete Ostindische Kompanie erhielt im Jahre 1676 von Kaiser Scheng-Tsu die Genehmigung zum erstmaligen kommerziellen Erwerb von Tee. Die Vereinbarung erlaubte es der Ostindischen Kompanie, chinesischen Kaufleuten im Kanton Tee abzukaufen.

England partizipierte ebenfalls an den ersten Importen, die mit der Zeit auch auf Tees aus Indonesien ausgeweitet wurden. 1660 gelangte der Tee erstmals nach Amerika und wurde dort in New Amsterdam – heute New York – entladen. Die Engländer gründeten zwischenzeitlich ihre eigene Ostindische Kompanie und setzten eigens Schiffe für den Transport von Tee aus China in das Königreich ein. Dies führte dazu, dass ab diesem Zeitpunkt in England nur noch selbst importierte Tees verkauft werden durften. Mitte des 18. Jahrhunderts war London bereits das Zentrum des Weltteehandels. Der englische Staat erkannte schnell das finanzielle Potenzial von Tee und konnte seinerseits durch hohe Zölle einen großen Profit erzielen.

In diesen Jahren war Amerika noch eine englische Kolonie, und Großbritannien versuchte auch dort, den Teehandel mit Holland zu unterbinden und nur noch Importe englischer Unternehmen zuzulassen. Die britische

Krone belegte sämtliche Importe ins Mutterland mit einer hohen Steuer, doch auch in Amerika wurde der Tee mit einer (zusätzlichen) Steuer versehen, die den Kolonialherren zugutekam. Aufgrund der steigenden Popularität von Teegetränken versuchte man wiederum, das englische Monopol durch Importe aus Holland und Portugal zu umgehen. Die britische Ostindien-Kompanie erreichte, dass deren Tees ab diesem Zeitpunkt nicht mehr über das Mutterland umgeladen werden mussten und die Frachtsegler direkt nach Amerika fahren durften. So konnte zumindest der in England erhobene Zoll umgangen werden. In Amerika wurden zudem eigene Verkaufsstrukturen unter Ausschluss der lokalen Händler geschaffen, was natürlich zu Spannungen zwischen den Kolonien und dem Mutterland führte.

Am 28. November 1773 erreichten englische Handelsschiffe mit großen Teeladungen den Hafen von Boston. Wütende Kolonisten verhinderten das Entladen der Teekisten. Im Stadtrat kam es zu heftigen Diskussionen, an denen auch der britische Gouverneur teilnahm. Am Höhepunkt der Auseinandersetzungen, dem 16. Dezember 1773, stürmten daraufhin 90 als Mohawk-Indianer verkleidete Kolonisten den Saal. Der britische Gouverneur zeigte jedoch keinerlei Bereitschaft, klein beizugeben. Daraufhin enterte die aufgebrachte Menge die Schiffe und warf 342 volle Teekisten in das Hafenbecken Bostons.

Dieses Ereignis ging als „Boston Tea Party" in die Geschichte ein und stellt den eigentlichen Beginn des amerikanischen Unabhängigkeitskrieges dar. Es folgten noch weitere Revolten in den Häfen entlang der Ostküste, bis später die Freiheitstruppen unter Washington und dem preußischen General Steuben den entscheidenden Sieg über die Engländer errangen.

Der Unabhängigkeit Amerikas und den Unruhen in Europa dieser Zeit (etwa der Französischen Revolution) zum Trotz florierte der Teehandel weiterhin unvermindert. Damit die Blätter auf der langen Schiffsreise – diese dauerte rund um das Kap der Guten Hoffnung im Durchschnitt 120 Tage – gut geschützt waren, legte man die Kisten innen mit Papier aus. Die Teekistenbleche zum Verschließen der Deckel waren aus Eisen, die Teekisten selbst aus kräftigem, abgelagertem Holz und wurden außen häufig zusätzlich mit Blei ummantelt. Die Verschiffungsmarkierungen zeichnete man per Hand auf feines Papier, das anschließend außen angebracht wurde. Jeder bekannte Empfänger in Europa oder Amerika hatte sein eigenes Zeichen – etwa kunstvoll dargestellte Tiere oder Blumen. Später gab es diese „Tea Chest Linings" dann auch im einfachen Druckverfahren.

TEE NACH LÄNDERN

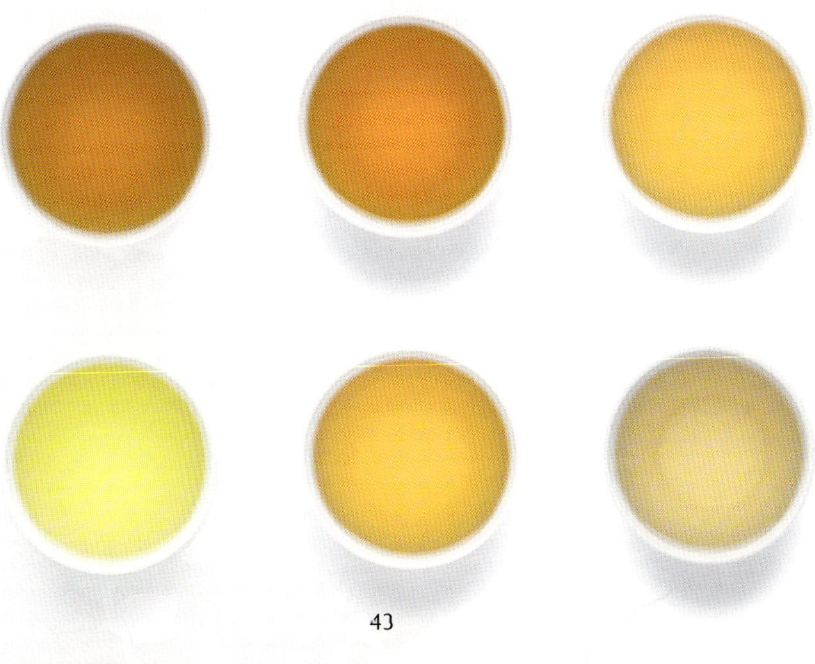

CHINA

Im Mutterland des Tees kennt man diesen schon seit über 3.000 Jahren, besonders in den südlicheren Provinzen. Exakte Zahlen über die erste Produktion liegen nicht vor. Man nimmt an, dass jährlich etwa eine Million Tonnen Tee hergestellt werden.

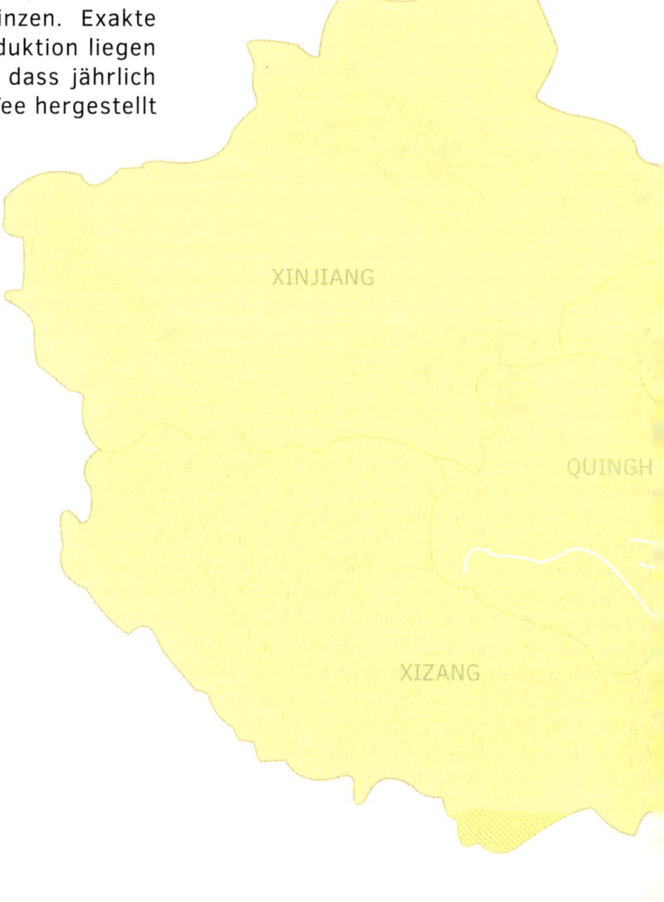

Angebaut wird der Tee in den Provinzen

Shaanxi, Henan, Anhui, Jiangsu, Zhejiang, Jiangxi, Hubei, Hunan, Huizhou, Sichuan, Yunnan, Guangxi, Guangdong, Fujian und Hainan

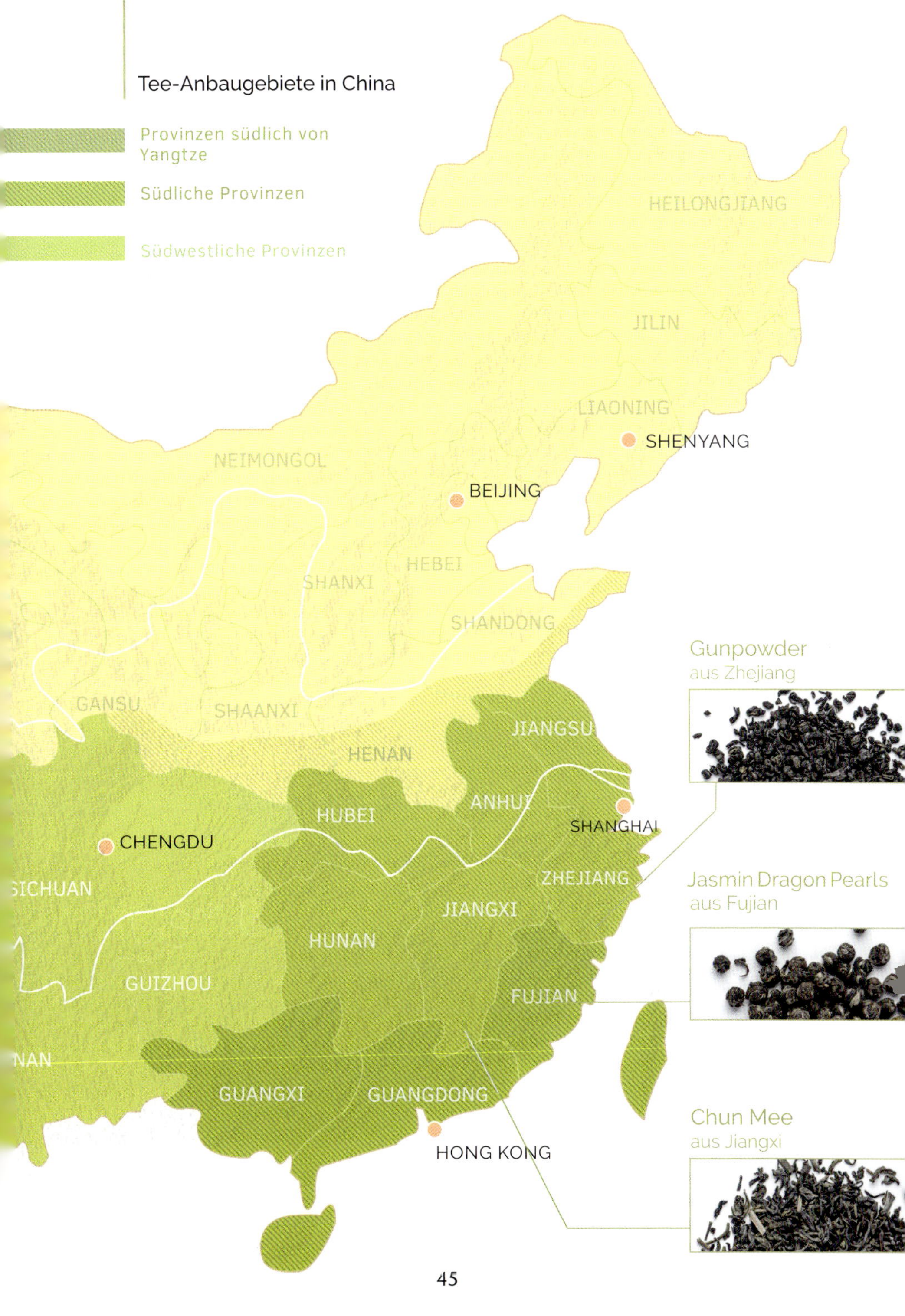
Tee-Anbaugebiete in China
Provinzen südlich von Yangtze
Südliche Provinzen
Südwestliche Provinzen
HEILONGJIANG
JILIN
LIAONING
SHENYANG
NEIMONGOL
BEIJING
HEBEI
SHANXI
SHANDONG
GANSU
SHAANXI
HENAN
JIANGSU
ANHUI
SHANGHAI
HUBEI
CHENGDU
SICHUAN
ZHEJIANG
JIANGXI
HUNAN
GUIZHOU
FUJIAN
NAN
GUANGXI
GUANGDONG
HONG KONG
Gunpowder
aus Zhejiang
Jasmin Dragon Pearls
aus Fujian
Chun Mee
aus Jiangxi

Für den Eigenbedarf werden 80 Prozent an grünem und weißem Tee produziert, lediglich 20 Prozent wird zu schwarzem verarbeitet. Der Eigenkonsum ist weiterhin unverändert groß – China benötigt dafür circa 800.000 Tonnen und exportiert die restlichen 200.000.

Tee wird in kleinen bäuerlichen Betrieben bis hin zu riesigen Plantagen abgebaut. Die Ernten beginnen im Februar/März mit feinsten Qualitäten, erreichen mit Mai/Juni ein ausgewogenes Qualitäts-Quantitäts-Verhältnis und tendieren während der Monate Juli/August zur reinen Mengenernte hin.

Besonders die ersten zarten, feinen, hell abgießenden und aromatischen Tees werden an Kenner im Lande, z. B. nach Hongkong, aber auch nach Japan und der Westküste Amerikas zu fantastischen Preisen verkauft. Qualitativ geringwertigere Tees wie Chun Mee, Sencha oder Gunpowder werden eigentlich nur für den Export produziert – im Lande konsumiert man durchweg feine bis feinste Teesorten.

Bereits seit 1970 gibt es biologisch angebauten Tee in China, der besser als „Green Food Tea“ bekannt ist; dennoch hat chinesischer Tee bei uns immer mit dem Vorurteil hoher Pestizidmengen zu kämpfen.
Der europäische Teehandel, besonders die Importeure in Hamburg und Bremen, lassen jede Teepartie vor Eintritt ins Land analysieren. Negative Ergebnisse gibt es selten, sie finden sich wenn dann nur bei den billigsten Sorten, welche zumeist auf Obstplantagen unter Obstbäumen wachsen.
In höher gelegenen Gebieten erübrigt sich der Einsatz von Pestiziden und Insektiziden, da es hier kaum Blatt- oder Baumkrankheiten gibt.

Eine Besonderheit des Landes sind die feinen Jasmintees.

Die Jaminblütenernte findet manuell statt, der Tee wird wenige Zentimeter hoch ausgelegt und üppig mit Jasminblüten bedeckt. Je feiner die Teequalität, desto häufiger werden frische Jasminblüten auf dem Tee ausgebreitet, bis dieser den zarten Duft der Blüten übernimmt. Qualitativ hochwertige Jasmintees erkennt man daran, dass die welken und trockenen Blüten wieder aus dem Tee gesammelt wurden. Lediglich in preiswerten Sorten lässt man diese aus optischen Gründen drinnen. Jasmintees sollte man sehr gering dosieren – 10 bis 12 Blätter pro Tasse reichen vollkommen aus!

Jahrzehntelang kannte man aus China nur Mediumqualitäten. Erst nach zögerlicher Öffnung des Landes während der letzten Jahre kommen allmählich die individuellen, feinsten Teesorten auch zu uns in den Handel.

Broken- oder Aufgussbeuteltees, also Fanningsgrade, werden fast komplett exportiert – vorrangig nach Europa.

ERNTEZEITEN CHINA

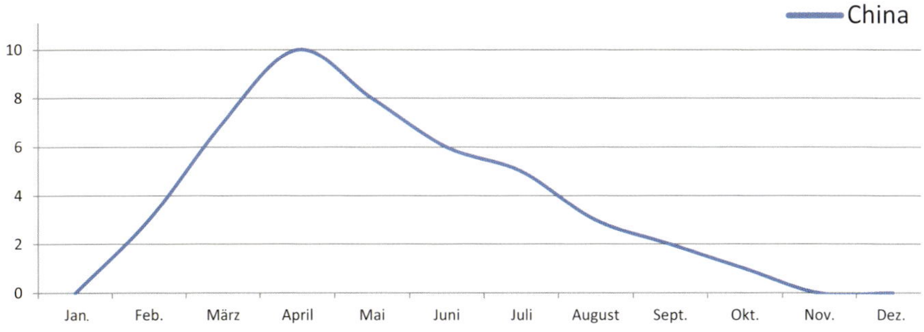

0 = keine Ernte
1 = geringe Qualität
5 = ordentliche Qualität
10 = Top-Qualitäten

AN HUA SONG ZHEN

Herkunft: China, Hunan

Erntezeit: März bis Anfang April

Blattbeschaffenheit: feinste, zarte, nadelförmige, jadegrüne Blätter

Geschmack: Bukett verschiedener Blüten und Blumen

Qualität: einer der feinsten Frühlingstees Chinas

Zubereitung: 1 leicht gehäufter TL Blätter pro Tasse, ca. 90° C heißes Wasser

Ziehzeit: 2 bis 3 Minuten

Tassenfarbe: gelbgrün

Infusion: grün

Haltbarkeit: 1 Jahr

Tipp

Eine köstliche Rarität, die auch möglichst rasch getrunken werden sollte – je frischer, desto geschmackvoller.

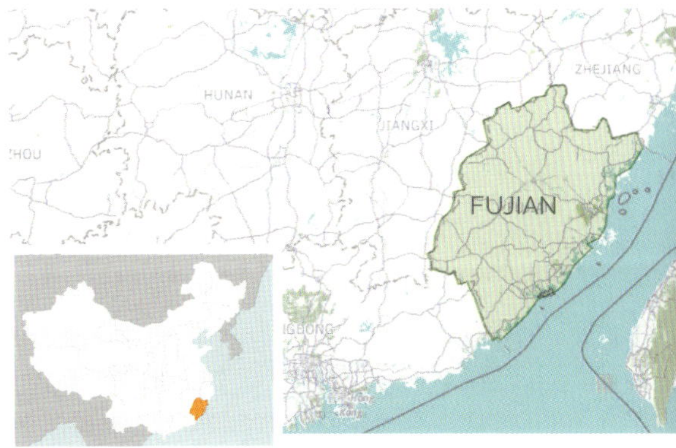

AROMATIC OOLONG

Herkunft: China, Fujian

Erntezeit: Sommer

Blattbeschaffenheit: kleine, getrocknete Knoten

Geschmack: fruchtig, mild, dezent süß

Qualität: idealer Tee besonders für hartes Wasser

Zubereitung: 4 bis 6 Knoten mit sehr heißem Wasser (90° C) übergießen, Knoten entfalten sich zur originalen Blattgröße

Ziehzeit: trinkbereit, sobald sich die Knoten geöffnet haben

Tassenfarbe: gelbgrün bis braungrün

Infusion: dunkelgrün

Haltbarkeit: 2 bis 3 Jahre

Tipp

Idealer Tee für hartes Wasser und für unterwegs; bittert nicht, gelingt immer.

CHUN MEE

Herkunft: China, Jiangxi, Hunan, Zhejiang

Erntezeit: Spätsommer

Blattbeschaffenheit: kurzes, grünes, gleichmäßiges Blatt mit kleinem Unterblatt (Broken)

Geschmack: herb, bitter, gelegentlich etwas würzig, schmeckt nach Algen oder Fisch

Qualität: einfacher Spätsommertee, der sich gut maschinell verpacken lässt (Supermarkt)

Zubereitung: 1 gestrichener TL Blätter pro Tasse, kochendes Wasser

Ziehzeit: 2 bis maximal 3 Minuten

Tassenfarbe: bräunlich grün

Infusion: dunkelgrün mit bräunlichen Anteilen

Haltbarkeit: 1 bis 2 Jahre

Tipp

In großen Mengen hergestellter Tee ohne besondere Geschmacksmerkmale;
bittert sehr schnell.

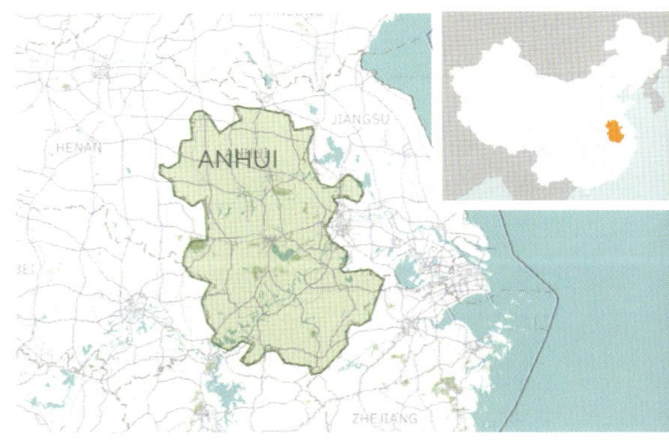

DING GU DA FANG

Herkunft: Zentralchina, Anhui

Erntezeit: April/Mai

Blattbeschaffenheit: breites, flach gepresstes, langes Blatt, olivgrün, mit silbrigem Flaum an den Spitzen

Geschmack: kastanienartiger Geschmack und Duft, feinwürzig, leicht, dezent süß

Qualität: hochwertiger Einsteigertee, gelingt immer, Selfdrinker

Zubereitung: 1 leicht gehäufter TL Blätter pro Tasse, abgekochtes, auf ca. 85° C erkaltetes Wasser

Ziehzeit: 2 bis 3 Minuten, Tee bittert auch bei längerer Ziehzeit nicht

Tassenfarbe: grünbraun

Infusion: gelbbraun bis grünlich

Haltbarkeit: 1 bis 2 Jahre

Tipp

Gehört zu den 10 berühmtesten chinesischen Teesorten.
Ein wohlschmeckender, leichter Tee, ideal auch für hartes Wasser.

DUNG TING OOLONG

Herkunft: China, Fujian, Formosa

Erntezeit: Frühling

Blattbeschaffenheit: kleine, gekräuselte Blätter

Geschmack: nach tropischen Früchten, etwas nussig, blumig, sehr aromatisch, frisch-brotig

Qualität: hochwertig, gelingt immer, Selfdrinker, ganz leicht anfermentierter Tee

Zubereitung: 8 bis 10 Knoten pro Tasse, 90° C heißes Wasser

Ziehzeit: 2 bis 3 Minuten

Tassenfarbe: hellbraun

Infusion: grün mit bräunlichem Touch

Haltbarkeit: 2 bis 3 Jahre

Tipp

Auch der 2. Aufguss schmeckt noch recht ordentlich.

GOLDEN BUDS

Herkunft: Südchina, Yunnan

Erntezeit: feinste Qualitäten im April, gute Qualitäten auch bis August

Blattbeschaffenheit: grobes, unregelmäßiges, langes und fleischiges, goldfarbenes Blatt – ausschließlich Tips

Geschmack: cremig, honigweich, vollmundig, bittert nicht

Qualität: hervorragender Spitzentee, handverlesen

Zubereitung: 1 gehäufter TL Blätter pro Tasse, kochendes Wasser

Ziehzeit: ca. 3 bis 5 Minuten, gerne auch länger, da er nicht bittert

Tassenfarbe: bräunlich

Infusion: hellbraun

Haltbarkeit: 2 bis 3 Jahre

Tipp

Die goldenen Buds werden in Handarbeit aus dem hergestellten schwarzen Tee herausgelesen. Preiswertere Sorten beinhalten häufig noch Schwarzteeblätter, feinste Sorten hingegen nicht. Rarität!

GUI HUA – OSMANTHUSBLÜTENTEE

Herkunft: China, Fujian und Zhejiang

Erntezeit: Tee von April bis Mai, Osmanthusblüten im August

Blattbeschaffenheit: gekräuseltes, kleines, dunkelgrünes Blatt

Geschmack: zarter Orchideenduft mit mild-herbem Tee

Qualität: wird durch die Zugabe von Osmanthusblüten aufgewertet

Zubereitung: 1 leicht gehäufter TL Blätter pro Tasse, ca. 90° C heißes Wasser

Ziehzeit: 2 bis 3 Minuten

Tassenfarbe: gelbgrün

Infusion: grün

Haltbarkeit: 1 bis 2 Jahre

Tipp

Es gibt unterschiedliche Qualitäten:
Etwas kräftiger ist Gui Hua mit grünem Oolong-Tee, etwas zarter mit Jin Xian Te Jian, einem leichten Blatt-Tee der Frühlingsernte.

GUNPOWDER

Herkunft: China, Zhejiang, Hunan

Erntezeit: Ende Mai bis Mitte August

Blattbeschaffenheit: kleine, kugelige, dunkelgrüne bis olivfarbene Blätter

Geschmack: sehr herb, etwas würzig

Qualität: abhängig von der Erntezeit von guten Mediumsorten bis hin zu einfachstem, teilweise sogar ordinärem Tee

Zubereitung: 1 gestrichener TL pro Tasse, kochendes Wasser

Ziehzeit: 1 bis 3 Minuten, Tee bittert sehr schnell

Tassenfarbe: milchig grün

Infusion: dunkelgrün

Haltbarkeit: 1 bis 2 Jahre

Tipp

Mit einem Blatt Pfefferminze lässt sich der bittere Charakter dieses Tees gut überdecken. Kleine Gunpowderkugeln weisen auf einen qualitativ besseren Tee hin.

HUANG SHAN MAO FENG

Herkunft: Zentralchina, Anhui

Erntezeit: April/Mai

Blattbeschaffenheit: langes, smaragdgrünes Blatt mit vielen silbrigen Tips

Geschmack: fein-fruchtig, mild, dezent süß

Qualität: exquisiter, zarter Frühlingstee

Zubereitung: 1 gehäufter TL Blätter pro Tasse, abgekochtes, auf 80° C erkaltetes Wasser

Ziehzeit: 2 bis 4 Minuten, bittert auch bei langer Ziehzeit nicht

Tassenfarbe: zart gelbgrün

Infusion: gelbgrün

Haltbarkeit: 1 bis 2 Jahre

Tipp

Gehört zu den 10 berühmtesten Teesorten Chinas.
Gilt als gelber Tee.

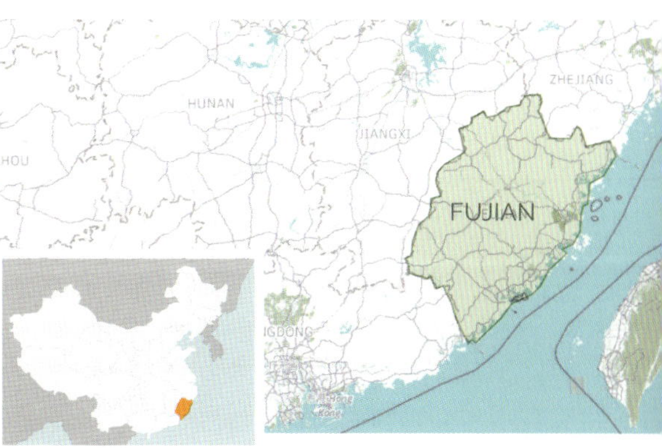

JASMINTEE

Herkunft: China, vorwiegend Fujian, aber auch Hunan, Zhejiang, Yunnan

Erntezeit: Sommer, besonders zur Jasminblüte im Juni/Juli

Blattbeschaffenheit: abhängig von der Qualität – offene, braune bis zarte, feinste, handgerollte Blätter

Geschmack: wunderbar frischer Jasminduft

Qualität: abhängig von der Qualität hervorragend bis einfach

Zubereitung: bei den besseren Sorten reichen meist 6 bis 8 Blätter pro Tasse völlig aus; abgekochtes, leicht erkaltetes Wasser, trinkbereit, sobald der Jasminduft aufsteigt

Ziehzeit: 2 bis 6 Minuten

Tassenfarbe: gelbgrün bis braungrün

Infusion: jadegrün bis bräunlich

Haltbarkeit: 1 bis 2 Jahre

Tipp

In qualitativ guten bis hochwertigen Jasmintees sind die Blüten wieder herausgesammelt, da sie ohnehin keinen Geschmack mehr haben. Deshalb beim Einkauf auf Jasmintees ohne Blüten achten!

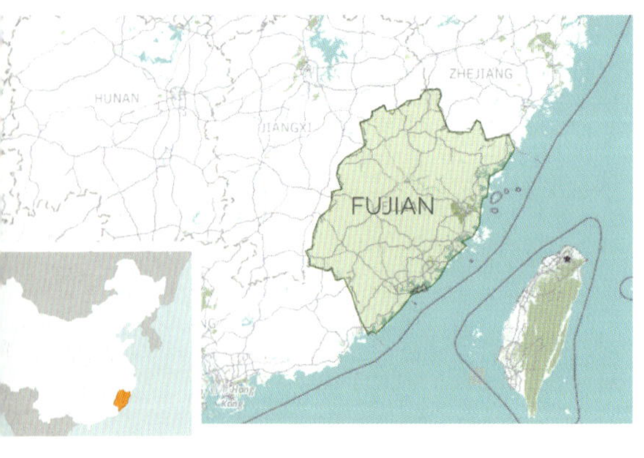

JASMIN DRAGON PEARLS

Herkunft: China, Fujian

Erntezeit: Mai bis Juli

Blattbeschaffenheit: zu kleinen Kugeln geformte Teeblätter

Geschmack: zarter, feiner Jasminduft und -geschmack

Qualität: optische Besonderheit – in heißem Wasser entfalten sich die Pearls zur ursprünglichen Blattform

Zubereitung: 3 bis 4 Pearls pro Tasse, ca. 90° C heißes Wasser, gern nochmals nachschenken, Tee bittert nicht

Ziehzeit: trinkbereit, sobald sich die Pearls entfaltet haben

Tassenfarbe: grün bis gelbgrün

Infusion: hellgrün bis dunkelgrün

Haltbarkeit: 1 bis 2 Jahre

Tipp

Interessanter Tee zum Nachtisch oder auch für unterwegs – gelingt immer!

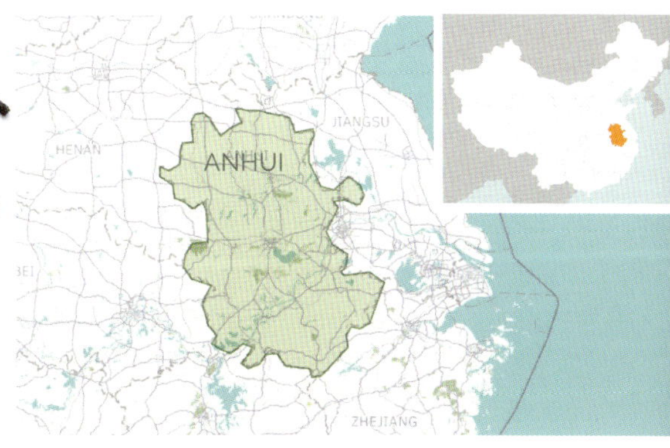

KEEMUN

Herkunft: Zentralchina, Anhui

Erntezeit: Mai bis September

Blattbeschaffenheit: schwarzes Blatt, je qualitativ hochwertiger, desto zarter, feiner und gleichmäßiger die Blattbeschaffenheit, gelegentlich auch mit wenigen zarten Tips

Geschmack: nussig, vollmundig

Qualität: von einfach bis sehr zart und fein

Zubereitung: 1 leicht gehäufter TL pro Tasse, frisch kochendes Wasser

Ziehzeit: 3 bis 4 Minuten

Tassenfarbe: rötlich braun

Infusion: einfache Qualitäten dunkelbraun bis schwarz, bessere Qualitäten hellbraun mit leicht rötlichem Schimmer

Haltbarkeit: 2 bis 4 Jahre

Tipp

Gehört zu den 10 berühmtesten Teesorten Chinas; Graubraune Tassenfarbe mit leicht bläulichem Schimmer und dunklem Absatz in der Tasse deutet auf einfache Qualität hin, goldbraune Tassenfarbe mit bräunlichem Absatz am Tassenrand auf bessere bis gute Qualität.

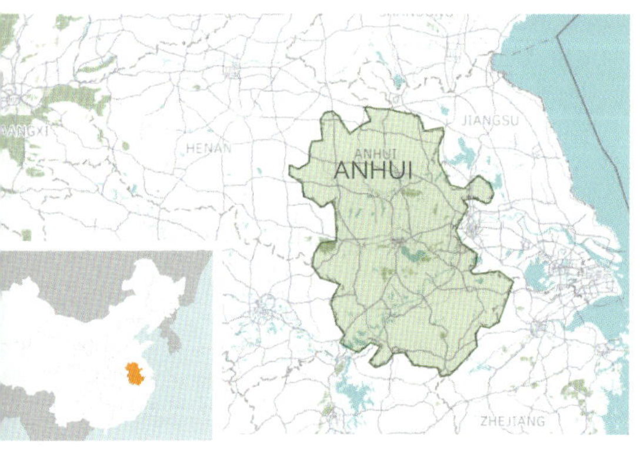

KEEMUN MAO FENG

Herkunft: Zentralchina, Anhui

Erntezeit: Mai/Juni

Blattbeschaffenheit: unregelmäßig langes, schwarzes, drahtiges Blatt, kaum Tips

Geschmack: milder, weicher, blumiger, dezent nussiger Geschmack, leichter Honigduft

Qualität: hochwertiger, feiner Selfdrinker, der seinen Geschmack auch in hartem Wasser entwickelt

Zubereitung: 1 leicht gehäufter TL pro Tasse, frisch kochendes Wasser

Ziehzeit: 3 bis 4 Minuten

Tassenfarbe: goldbraun

Infusion: hellbraun mit dezent rötlichem Schimmer

Haltbarkeit: 3 bis 4 Jahre

Tipp

Hilfreich bei Magenbeschwerden – dann allerdings 6 bis 8 Minuten ziehen lassen. Ideal auch für den Abend, da koffeinarm.

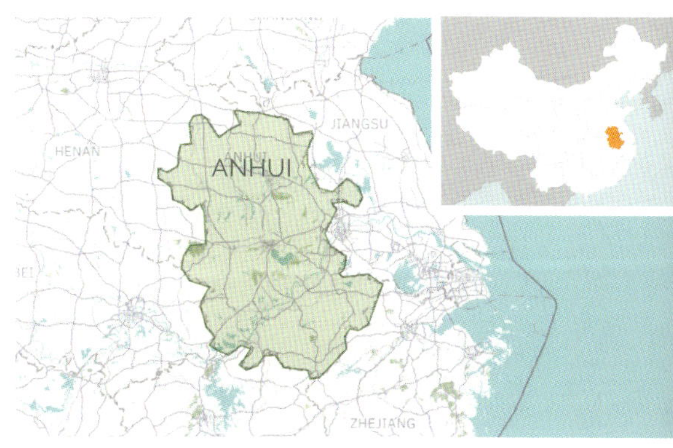

LU AN GUA PIAN

Herkunft: Zentralchina, Anhui

Erntezeit: April/Mai

Blattbeschaffenheit: grobes, fleischiges, langes, dunkelgrünes Blatt

Geschmack: mild, weich, süßlich-fruchtig und frisch blumig

Qualität: ein wohlschmeckender, weicher Tee von sehr guter Qualität

Zubereitung: 1 gehäufter TL Blätter pro Tasse, abgekochtes, auf ca. 85° C erkaltetes Wasser

Ziehzeit: 2 bis 3 Minuten, Tee bittert nicht

Tassenfarbe: sehr klar, frischgrün

Infusion: jadegrün

Haltbarkeit: 1 bis 2 Jahre

Tipp

Gehört zu den 10 berühmtesten Teesorten Chinas. Hat einen leichten Röstcharakter.

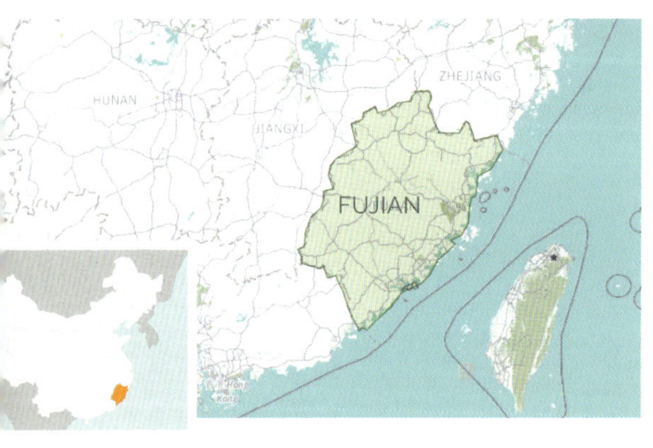

MILKY OOLONG

Herkunft: China, Fujian und Hubei

Erntezeit: April bis Oktober

Blattbeschaffenheit: kleines, kurzes, braunes Blatt

Geschmack: milchig-würzig

Qualität: z. T. hervorragende Qualitäten, besonders während der Frühlingsernte, ganz leicht anfermentierter Tee

Zubereitung: 1 gestrichener TL Blätter pro Tasse, nicht mehr sprudelnd kochendes Wasser

Ziehzeit: 2 bis 3 Minuten, Tee bittert auch bei längerer Ziehzeit nicht

Tassenfarbe: rotbraun

Infusion: braun

Haltbarkeit: 1 bis 2 Jahre

Tipp

Idealer Tee für alle Wasserqualitäten, Selfdrinker; gegebenenfalls mit etwas Zucker und einem zusätzlichen Tropfen Sahne/ Milch servieren.

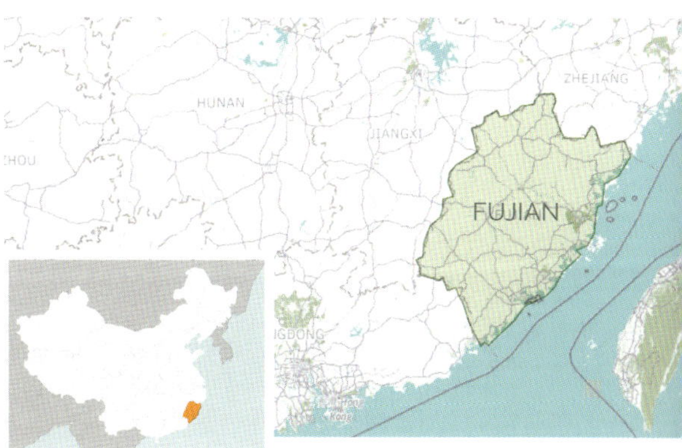

OOLONG

Herkunft: China, vorwiegend Fujian

Erntezeit: Sommer

Blattbeschaffenheit: vorwiegend kleines, leicht gekräuseltes Blatt

Geschmack: dezent brotig bis fruchtig

Qualität: z. T. hervorragende Teesorten

Zubereitung: Teelöffelboden bedeckende Menge Blätter pro Tasse, abgekochtes, auf ca. 90° C erkaltetes Wasser

Ziehzeit: 1 bis 4 Minuten

Tassenfarbe: rötlich mit grünem Touch

Infusion: braun bis dunkelbraun

Haltbarkeit: 2 bis 4 Jahre

Tipp

Übersetzt bedeutet Oolong „schwarzer Drache“.
Dieser Tee entfaltet seinen Geschmack immer, besonders gut in kalkhaltigem, hartem Wasser; Selfdrinker.

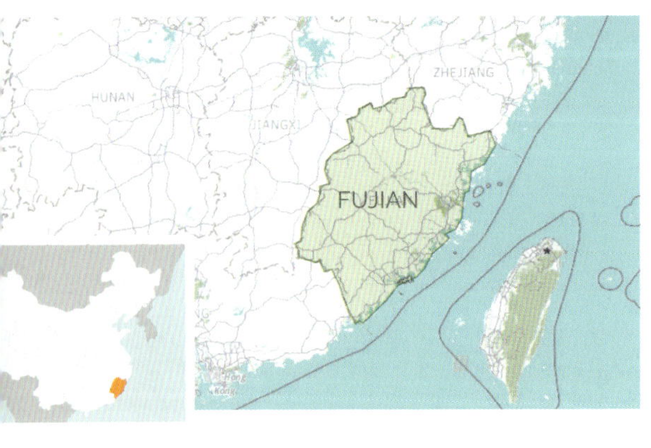

PAI MU TAN (WHITE PEONY)

Herkunft: China, vorrangig Fujian

Erntezeit: Spitzenqualität im April, danach monatlich abnehmend bis Ende August

Blattbeschaffenheit: große, z. T. weiße Blätter, sehr wenig grünes Blatt
End-of-Summer-Produktion: dunkelbraunes bis schwarzes Blatt, offen, wenige Tips

Geschmack: dezent süß, mild, weich, fruchtig

Qualität: je nach Erntezeit hervorragende bis gute weiße Tees

Zubereitung: 1 gehäufter TL pro Tasse, auf 80° C erkaltetes, abgekochtes Wasser

Ziehzeit: 7 bis 10 Minuten, Tee bittert nicht

Tassenfarbe: hellgelb bis hellbraun – abhängig von der Erntezeit

Infusion: gelblich grün bis braungrün

Haltbarkeit: 1 bis 2 Jahre

Tipp

Leichter Wellness-Tee zum ständigen „Nebenbeitrinken“; möglichst nach geschmackvolleren Frühlingstees Ausschau halten.

PI LO CHUN

Herkunft: Zentralchina, Jiangxi

Erntezeit: von der Tages- und Nachtgleiche bis ca. 20. April

Blattbeschaffenheit: kleines, zartes, leicht gekräuseltes, jadegrünes Blatt, bedeckt mit einem Hauch weißen Flaums

Geschmack: dezent süßlich, weich, mild, fruchtig

Qualität: hervorragende Qualität – erste Ernte meist mit sehr viel weißem Flaum, zweite Ernte dann eher mit grünem Blatt

Zubereitung: 1 gestrichener TL Blätter pro Tasse, abgekochtes, auf 80° C erkaltetes Wasser

Ziehzeit: trinkbereit, sobald die Blätter auf den Tassenboden sinken – ca. 2 bis 3 Minuten, Tee bittert auch bei langer Ziehzeit nicht

Tassenfarbe: zarte, klare, gelbgrüne Tassenfarbe

Infusion: graugrün bis gelbgrün

Haltbarkeit: 1 bis 2 Jahre

Tipp

Gehört zu den 10 berühmtesten Teesorten Chinas und ist ein angenehm leichter und zarter Tee.

PU ERH

Herkunft: südliches China, Yunnan

Erntezeit: Sommer

Blattbeschaffenheit: bräunliches Blatt, unregelmäßig bis gleichmäßig, leicht fleischig, häufig auch als gepresster Tee in unterschiedlichsten Formen

Geschmack: erdig, muffig, leicht schimmelig

Qualität: einfach bis sehr fein, abhängig von Blattbeschaffenheit und Alter

Zubereitung: 1 gehäufter TL pro Tasse, frisch kochendes Wasser verwenden und sofort wieder abgießen. Anschließend wieder kochendes Wasser auf die Blätter geben und ggf. mehrfach aufbrühen

Ziehzeit: entsprechend der Aufgüsse zwischen 2 und 10 Minuten (1. Aufguss: 30 Sek., 2. Aufguss: 2 Min., 3. Aufguss: 5 Min., 4. Aufguss: 7 Min. ...)

Tassenfarbe: dunkelrot, braun

Infusion: braun bis dunkelbraun

Haltbarkeit: unbegrenzt

Tipp

Pu-Erh-Tee ist eher ein Gesundheitstee. Die Blätter fermentieren bei bestimmten Temperaturen und regelmäßiger Zugabe von Feuchtigkeit. Pu-Erh-Tees werden nach Jahrgängen gehandelt. Für 60 bis 80 Jahre alte Ziegel werden bis zu US$ 1.000 bezahlt. Pu-Erh-Tee gibt es auch als grünen Tee.

SILVER TIPS (YIN ZHEN), SILVERY BUDS

Herkunft: China, Fujian, Hunan, Yunnan

Erntezeit: April/Mai

Blattbeschaffenheit: weiße, silberfarbene Blattspitzen besetzt mit zartem Flaum

Geschmack: frisch, dezent süßlich, etwas fruchtig

Qualität: handverlesene, noch nicht entfaltete Blätter (Blattknospen, Blattspitzen), erlesener weißer Tee

Zubereitung: 1 gehäufter TL pro Tasse, abgekochtes, auf 75 bis 80° C erkaltetes Wasser

Ziehzeit: 3 bis 10 Minuten, Tee bittert nicht

Tassenfarbe: sehr hell mit gelbbräunlichem Schimmer

Infusion: zartgrün, gelblich

Haltbarkeit: unbegrenzt

Tipp

Jun Shang Yin Zhen aus Hunan gehört zu den 10 berühmtesten Teesorten Chinas. Homöopathische Wirkungen möglich, besonders bei Fieber und Erkältungen.
Sehr leichter, feiner Tee.

TAI PING HOU KUI

Herkunft: Zentralchina, Anhui

Erntezeit: April bis Juni

Blattbeschaffenheit: sehr langes, offenes, jadegrünes Blatt (3 bis 5 cm)

Geschmack: frisch, fruchtig, sehr mild

Qualität: hervorragende Besonderheit aus China, malerisch gearbeitete, lange Teeblätter, die sich kunstvoll im heißen Wasser öffnen

Zubereitung: 8 bis 10 lange Blätter pro Tasse, abgekochtes Wasser ca. 5 Minuten offen stehen lassen, damit es auf ca. 80° C erkaltet, dann auf die Blätter geben

Ziehzeit: trinkbereit, sobald die Blätter sich geöffnet haben – ca. 3 Minuten, Tee bittert auch bei längerer Ziehzeit nicht

Tassenfarbe: gelbgrün

Infusion: gelbgrün

Haltbarkeit: 2 Jahre

Tipp

Ideal als Cocktail – Blätter in ein Sektglas stellen und zur Hälfte mit 80° C heißem Wasser füllen. Zum Trinken danach mit Wasser auffüllen.
Der Tee gehört zu den 10 berühmtesten Teesorten Chinas.

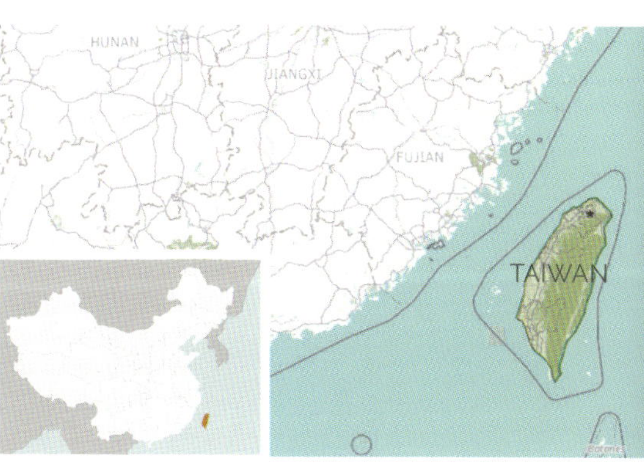

TARRY LAPSANG SOUCHONG

Herkunft: China, Taiwan

Erntezeit: Sommer

Blattbeschaffenheit: grobes, schwarzes Blatt

Geschmack: intensiv rauchig,
teilweise sogar etwas bitter, kräftig

Qualität: einfache bis gute Qualität, je nach Blattbeschaffenheit und Herstellung

Zubereitung: 6 bis 8 Blätter pro Tasse, kochendes Wasser

Ziehzeit: 2 bis 4 Minuten

Tassenfarbe: braun bis goldbraun

Infusion: braun bis rötlich braun

Haltbarkeit: unbegrenzt

Tipp

Ein wunderbarer Tee zum Mischen – z. B. für die russische Teemischung, aber auch für den klassischen Earl Grey. Empfehlung: 2 bis 3 Blätter Rauchtee in den Second-Flush-Darjeeling geben oder der Earl-Grey-Mischung hinzufügen.

WESTLAKE LUNG CHING (DRACHENBRUNNENTEE)

Herkunft: Zentralchina, Zhejiang

Erntezeit: Top-Qualitäten im April, durchschnittliche bis Ende Juli

Blattbeschaffenheit: breites, flach gepresstes, gelbgrünes Blatt

Geschmack: zarter Orchideenduft bis hin zu leicht nussig, abhängig von der Erntezeit; mild und weich

Qualität: teilweise hervorragende Qualitäten, besonders vom Westlake, ideal für jede Wasserhärte

Zubereitung: 1 gehäufter TL Blätter pro Tasse, abgekochtes, auf 80° C erkaltetes Wasser

Ziehzeit: 2 bis 3 Minuten, Tee bittert aber auch nach längerer Ziehzeit nicht

Tassenfarbe: hellgrün, leicht gelblich

Infusion: gelbbraun bis grünbraun

Haltbarkeit: 1 bis 2 Jahre

Tipp

„Lung" heißt Drache, „Ching" gut. Gehört zu den 10 berühmtesten Teesorten Chinas. Ein angenehmer Tee, der den Kopf von Stress befreien kann.

YUNNAN

Herkunft: Südchina, Provinz Yunnan, Himalaja

Erntezeit: April bis September/Oktober

Blattbeschaffenheit: großes, glattes, fast schwarzes Blatt, häufig mit goldenen Tips

Geschmack: mild würzig, malzig, gelegentlich etwas rauchig

Qualität: Selfdrinker, z. T. hervorragende Qualitäten, ideal auch für hartes Wasser, Tee bittert kaum

Zubereitung: 1 leicht gehäufter TL Blätter pro Tasse, frisch kochendes Wasser, Milch/Sahne, Zucker

Ziehzeit: 2 bis 3 Minuten

Tassenfarbe: rötlich braun bis rotgold

Infusion: hellbraun bis braun

Haltbarkeit: 3 bis 4 Jahre

Tipp

Tees dieser Region werden gern als die Assam-Tees Chinas bezeichnet. Unterschied: Diese Tees bittern kaum bis gar nicht.

Teeblüten

Die Kunst, feine, ausgesuchte Teeblätter zu formen und darin Blüten einzubinden, wird in China von Generation zu Generation innerhalb der Familien weitergegeben. Es ist ein unglaubliches Erlebnis, die geschickten Frauen bei ihrer Tätigkeit beobachten zu dürfen. Mit sehr wenigen manuellen Hilfsmitteln werden frische Teeblätter ausgesucht, sortiert und passende Blüten in sie hineingebunden.
Selbst geübte Frauen können pro Tag (welcher mit Sonnenaufgang beginnt und mit dem Sonnenuntergang endet) nur maximal 220 g Teeblätter verarbeiten. Etwas Besonderes für ruhige und besinnliche Stunden.

Für die Blüten wird ein eher leichter Tee verwendet. Es wird empfohlen, Teeblütenkreationen der laufenden Ernte zu erwerben, da sich diese Blätter schneller öffnen und der Tee meist auch einen besseren Geschmack besitzt. Mit fast kochendem Wasser aufbrühen, da sonst der Vorgang zu lange dauert. Die portionierten Teekunstwerke reichen meist für 8 bis 10 Tassen, verbleiben in der Kanne und bittern nicht.

Diese Besonderheiten kann man nur einmal aufbrühen.

In heißem Wasser öffnen sich die Teeblätter malerisch und lassen die darin verborgenen Blumen aufschwimmen – ein optisches Highlight!

INDIEN

Das größte zusammenhängende Tee-Anbaugebiet der Welt liegt im Nordosten Indiens – der Bundesstaat Assam.

Im Norden grenzt Assam an Bhutan und China, im Süden an Bangladesch.

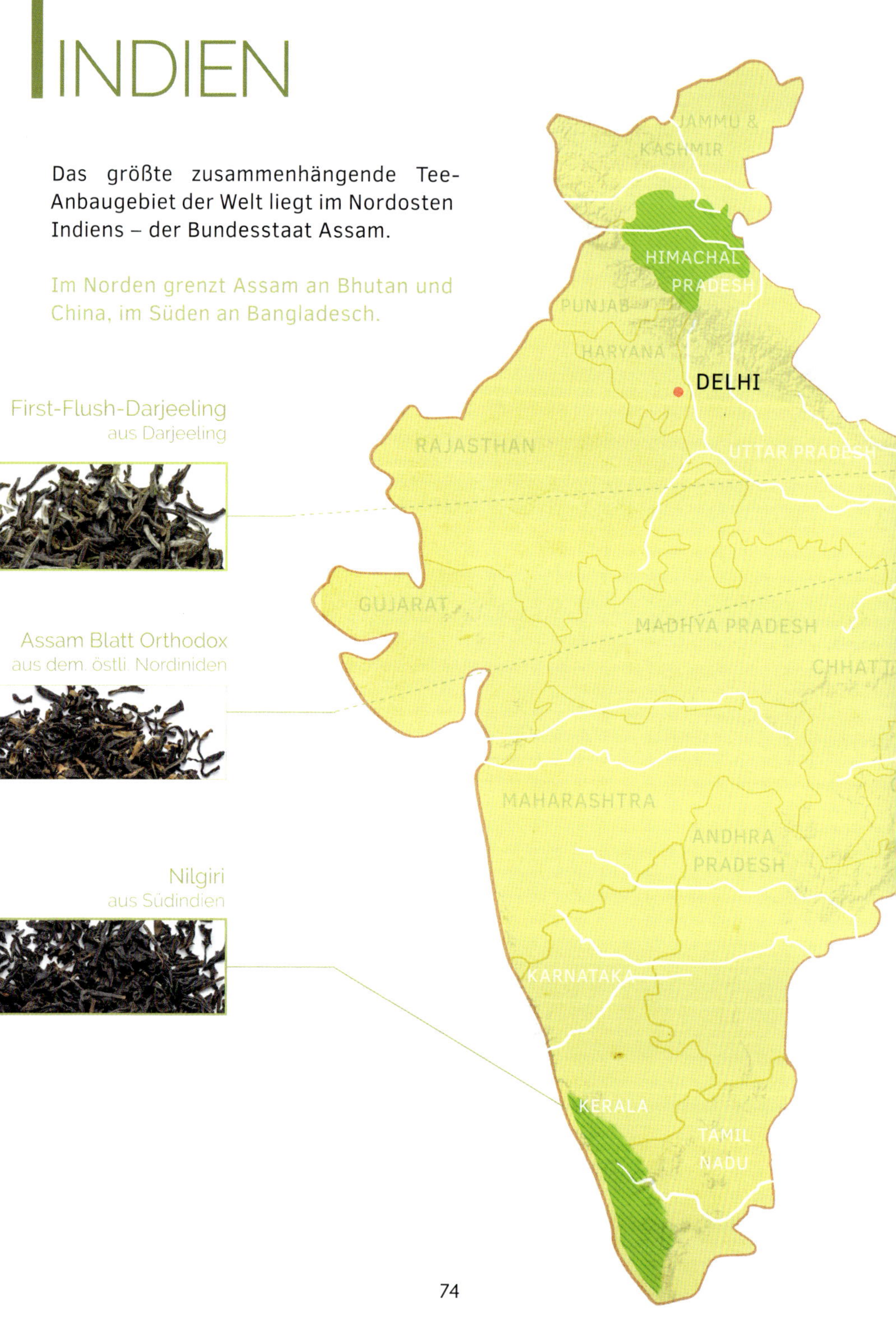

Assam

Assam wird vom wasserreichsten Strom Asiens durchquert, dem Brahmaputra. Subtropische Temperaturen von über 30° C, heftige Regenfälle und mehrfache Flussüberschwemmungen im Jahr sorgen für fast uneingeschränktes Wachstum, besonders beim Tee.

Südindien

Tees dieser Region sind eigentlich nur lokal von Bedeutung, da in den Gebieten Travancore, Mudis, Anaimalai und Nilgiri mittlerweile vorrangig CTC-Tees hergestellt werden.

Im qualitativen Vergleich, z. B. zu den Assam-Tees, sind diese Sorten selbst für die Aufgussbeutelproduktion bei uns nicht einzusetzen.

Nilgiris von den Blue Mountains Südindiens werden gelegentlich bei uns angeboten, besonders, wenn die Qualitäten im Frühjahr ein gutes, Ceylon-ähnliches Flavour aufweisen. Den Verkauf dieser Tees arrangieren lokale Auktionen. Hauptverladehafen ist Kochi in der gleichnamigen bekannten Gewürzstadt.

Darjeeling

First-Flush-Darjeeling

Traditionell startet man in Darjeeling mit der Ernte der ersten frischen Teeblätter nicht vor dem 15. März eines Jahres – in Regionen über 2.000 Meter sogar erst am 1. April. Der erste Wachstumsschub aus den Wurzeln in die Zweige bewirkt das Gedeihen der ersten Teeblätter. Nur diese sollten geerntet als reine First-Flush-Tees bezeichnet werden dürfen. Schon die anschließend nachwachsenden Blätter beinhalten nicht mehr so viel Kraft, Frische, Aroma und Duft wie die ersten.
Bei reinen First-Flush-Darjeelings spielt das Aussehen der Teeblätter eine untergeordnete Rolle – sie können grob oder fein, lang oder kurz, breit oder spitz sein. Tips haben in diesem Tee ebenso keine Relevanz.
Das Wachstum der Teepflanzen aus Saaten kann man bislang kaum beeinflussen, das von geklonten Büschen oder Hybridpflanzen hingegen deutlich. Um mengenmäßig ertragreich zu arbeiten, finden heute mehr und mehr geklonte Büsche und Hybridpflanzen auch in Darjeeling Verwendung. Der verstärkte Einsatz dieser Pflanzenarten führt zwangsläufig zu einer Egalisierung der Frühlingsqualitäten und zu quantitativ höherem Ertrag bei deutlicher qualitativer Einbuße.

Für die Tee-Importeure und Teegeschäfte war es immer spannend, den aromatischsten und feinsten First Flush der Saison zu finden. Mittlerweile hat das Tea Board of India entschieden, dass alle Tees, die vom Beginn der Ernte bis zum 20. Mai eines Jahres geerntet werden, als First-Flush-Tees deklariert werden dürfen. Den Beginn der Ernte darf jeder Teegartenmanager selbst festlegen.

Was zeichnet nun einen wirklich hochwertigen First-Flush-Darjeeling aus?

Eine gräuliche Blattfarbe mit leichtem Grünschimmer, kaum oder wenige silbrig-weiße Tips, die aufgebrühten Blattrückstände duften blütenreich, fast wie Maiglöckchen; die Farbe ist hellbraun mit einem hellgrünen Touch, die Tassenfarbe hellgelb, dezent grünlich, der Geschmack gern etwas herb, aber umgeben von einem intensiven blumigen Duft.

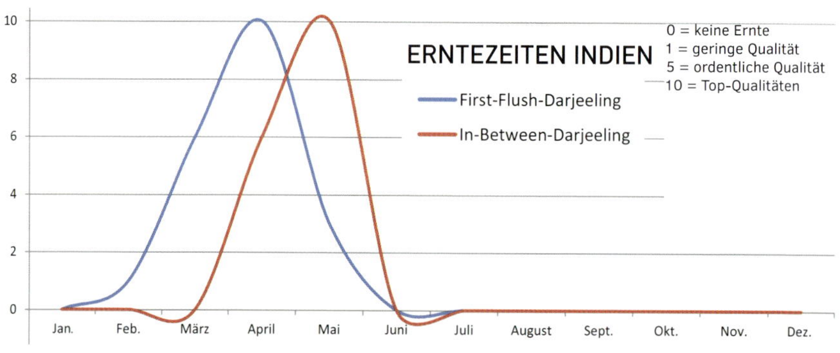

Worauf sollte man beim Kauf eines erstklassigen First-Flush-Darjeelings achten?

1. Original-Plantagentee
2. Invoice/Partie-Nummer mit Jahreszahl
3. intensiv frischer, blumiger Duft
4. dunkelgraues Blatt mit zartem, grünlichem Schimmer

Mischungen, auch „Blends" genannt, sind zwar oft geschmacklich in Ordnung, aber selten habe ich erlebt, dass eine Teequalität dadurch verbessert wurde. Sie egalisieren den Geschmack sowie die Tassenfarbe und sorgen vor allen Dingen für ein einheitliches Abpackvolumen und einen günstigeren Durchschnittspreis – eigentlich alles Eigenschaften, auf die man beim Teegenuss deutlich verzichten kann.

First-Flush-Darjeelings sollten noch im Erntejahr konsumiert werden. Der Duft und Geschmack dieser besonderen Qualität verliert sich im Laufe der Monate deutlich.

In-Between-Darjeeling

Ursprünglich wurden solche Teesorten als „In Betweens" bezeichnet, die zwischen der First-Flush- und der sommerlichen Second-Flush-Ernte geerntet und hergestellt wurden.
Regen lässt die Büsche schneller wachsen, der erste Saftschub aus den Wurzeln ist verbraucht. Geschmacklich sind diese Tees deutlich neutraler, also eher leicht, vielleicht sogar etwas inhaltslos. Qualitäten, die man regelmäßig nebenbei trinken kann, bzw. die sich hervorragend zum Mischen mit einem First Flush eignen und somit günstiger sind.

Das Tea Board of India hat entschieden, dass diese Tees als First Flush in den Handel gelangen dürfen – ganz zum Vorteil überregionaler Anbieter, die nun preisgünstige Packungen unter der Qualitätsbezeichnung „First-Flush-Tee" vermarkten können. Begünstigt werden auch Produzenten, die damit für diese qualitativ niederen Tees einen zugkräftigen Namen erhalten und so auf bessere Preise hoffen dürfen.
Benachteiligt ist nur der Konsument, der aufgrund der gewaltigen Preisunterschiede bei First-Flush-Darjeelings verunsichert ist.

Second-Flush-Darjeeling

Diese Tees sind der absolute Gegensatz zu den First Flushs. Charakteristisch für diese Sommerernte ist eine dunkelbraune, ins Schwarze übergehende Blattfarbe mit teilweise goldenen Tips, eine kräftige, dunkelrote bis dunkelbraune Tassenfarbe, ein deutlich kräftiger, vollmundiger Geschmack, der blumig sein darf und bei hochwertigeren Tees auch von einer milden Süße begleitet wird. Die aufgebrühten Blattrückstände scheinen bräunlich. Haltbare Tees schimmern kupferfarben.
Second-Flush-Tees sind sehr lange haltbar, sie entwickeln häufig noch in den Monaten nach der Ernte ihren Geschmack und Duft.
Die Qualität ist stark witterungsabhängig; in regenreichen Jahren fehlt es den Tees beispielsweise an blütenreichem Duft.
Meist gibt es nur geringe Mengen allerfeinster Spitzenqualitäten, die dann auch teilweise den Zusatz „Muskatel“ oder andere extravagante Blattbezeichnungen erhalten.

Achten Sie beim Einkauf auf

1. tiefbraune Blattfarbe
2. goldene Tips
3. kräftigen, leicht würzigen Duft

Gute Tees halten ihre Qualität über mehrere Jahre und müssen nicht unbedingt aus der laufenden Ernte stammen. Beim Second-Flush-Darjeeling sollte die Ziehzeit möglichst nicht länger als 3 Minuten sein, da dieser Tee sonst bitter werden kann. Ein leicht gehäufter Teelöffel Blätter pro Tasse reicht meist vollkommen aus, es darf gerne Milch oder Sahne sowie Zucker oder Kandis hinzugefügt werden.

Üblicherweise endet die Second-Flush-Ernte in Darjeeling mit dem Einsetzen des Monsunregens Ende Juni/Anfang Juli.

Regentee

Regentee wird in Indien mittlerweile auch als „In Between“ bezeichnet. Je mehr und länger der Regen fällt, desto geschmackloser wird er. Tees der Augusternte haben häufig Schwierigkeiten, Wasser überhaupt zu färben – Inhaltsstoffe sind kaum noch vorhanden. Allerdings verändern einige Teebauern die Fermentationszeit der Blätter deutlich; hatte man früher durch

längere Fermentation wenigstens noch eine dunklere und kräftigere Tassenfarbe erreicht, produziert man heute Sorten, die den ursprünglichen In-Between-Tees aus dem Mai sehr ähneln und als wertvolle Untermischer und Verlängerer der First Flushs eingesetzt werden können. Geschmacklich taugen diese Tees kaum etwas. Zu erkennen sind sie am relativ hohen Volumen – der Regen lässt die Blätter schneller wachsen und bläht diese auch etwas auf.
Ab Ende August bis in den September hinein werden auf einigen Teegärten grüne Tees hergestellt.

Autumnal Tee

Autumnal wird – sofern der Herbst es witterungsbedingt zulässt – Ende Oktober/Anfang November geerntet und produziert. Es sollte ein wirklich typischer „Indian Summer" sein, um auch etwas Geschmack und Qualität in die Blätter zu bekommen; es bedarf also Sonne, trockener Tage und kühler Nächte.
Autumnals sind geradezu bunte Tees, bräunlich, mit dunklen und hellen Blättern dazwischen, gern einigen Tips, auch ein paar Stalks gehören dazu. Ein herbes, nach Herbstlaub duftendes Aroma zeichnet diese Sorte aus, welches sich aber recht schnell verflüchtigen kann. Häufig ist davon bei Ankunft des Schiffes in Hamburg nur noch eine Nuance spürbar.
Herbsttees lassen sich gut mit First Flushs mischen, sie verderben nicht den Geschmack.

ERNTEZEITEN INDIEN

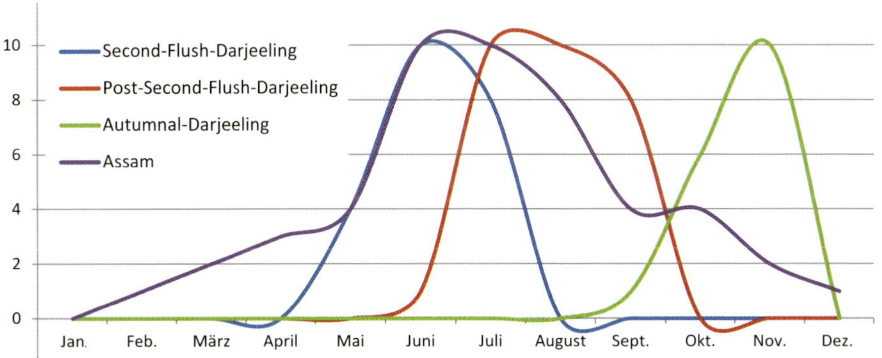

0 = keine Ernte
1 = geringe Qualität
5 = ordentliche Qualität
10 = Top-Qualitäten

Teegärten in Darjeeling

Teegarten	BIO	Höhenlage	geogr. Lage	Pflanzen	Tee-anbau (ha)	Ernte	Mitar-beiter
Ambootia	ja	950 bis 1450 m	Kurseong North	Chinasaat Assam-Hybriden	340	180.000 kg	900
Arya	ja	900 bis 1800 m	Darjeeling East	Assam-Hybriden	123	70.000 kg	-
Avongrove	ja	650 bis 1850 m	Rungbong	Chinasaat Hybriden Clonals	316	70.000 kg	471
Badamtam	ja	300 bis 1830 m	Darjeeling West	25 % Chinasaat 10 % Clonals Rest Assamsaat + Assam-Hybriden	321	270.000 kg	1150
Balasun	ja	365 bis 1375 m	Kurseong North	51 % Chinasaat 9 % Highgrown Clonals 40 % Assam-Clonals	181	100.000 kg	900
Bannock-burn	ja	850 bis 1600 m	Darjeeling West	96 % China 4 % Clonals	143	75.000 kg	500
Barnesbeg	ja	240 bis 970 m	Darjeeling West	vorwiegend Assamsaat	-	-	-
Castleton	nein	915 bis 1830 m	Kurseong South	vorwiegend Chinasaat	170	-	-
Chamong	ja	1150 bis 1850 m	Rungbong	Chinasaat	138	75.000 kg	527
Dilaram	nein	760 bis 1950 m	Kurseong North	-	-	-	-
Dhajea	ja	900 m	-	Rungbong	177	90.000 kg	500
Gielle	nein	1100 bis 1200 m	Teesta	75,55 % Chinasaat 10,64 % Clonals 13,79 % Hybriden	251	150.000 kg	708
Ging	ja	600 bis 1800 m	Darjeeling West	76,63 Chinasaat 18,20 % Clonals 5,17 % Assam-Hybriden	230	175.000 kg	800
Glenburn	nein	1200 m	Teesta	36,8 % Chinasaat 40,4 % Assamsaat 22,8 % Clonals	-	150.000 kg	285
Goomtee	nein	900 bis 1650 m	Kurseong South	Chinasaat	124	80.000 kg	-
Gopaldhara	nein	1500 bis 2300 m	Mirik	100 % Chinasaat	172	90.000 kg	-
Happy Valley	ja	-	Darjeeling West	-	177	75.000 kg	-
Highland	ja	800 bis 1000 m	Kurseong South	-	-	-	-
Jogmaya	nein	850 bis 1000 m	Kurseong South	Clonals	100	50.000 kg	-
Jungpana	nein	800 bis 1800 m	Kurseong South	Chinasaat	-	80.000 kg	-
Lingia	ja	850 bis 1850 m	Darjeeling East	98 % Chinasaat 2 % Clonals + Assam-Hybriden	141	85.000 kg	474
Longview	nein	-	Kurseong South	Assam-Hybriden Clonals	506	700.000 kg	2000

Teegarten	BIO	Höhenlage	geogr. Lage	Pflanzen	Tee-anbau (ha)	Ernte	Mitar-beiter
Makaibari	ja	1500 m	Kurseong South	15 % Clonals 70 % Chinasaat 15 % Hybriden	270	150.000 kg	700
Margaret's Hope	nein	915 bis 1830 m	Kurseong North	Chinasaat Clonals	-	180.000 kg	915
Marybong & Kyle	ja	900 bis 1820 m	Darjeeling East	Chinasaat	285	175.000 kg	700
Millikthong (Gyabaree)	nein	800 bis 1100 m	Mirik	Chinasaat	310	250.000 kg	805
Mim	ja	600 bis 1900 m	Darjeeling East	Chinasaat Assam-Hybriden	188	115.000 kg	503
Moondako-tee	ja	-	Kurseong North	81 % Chinasaat 14 % Assam-Hybriden 5 % Clonals	-	400.000 kg	-
Monteviot	ja	950 bis 1700 m	Kurseong South	Chinasaat	77	15.000 kg	-
Mullotar	ja	-	Kurseong South	-	-	-	1380
Nagri	ja	-	Rungbong	-	306	300.000 kg	-
Nagri Farm	ja	760 bis 2000 m	Rungbong	China-Hybriden Assam-Hybriden	256	200.000 kg	900
Namring	nein	1300 bis 2200 m	Teesta	50 %Chinasaat 15 % Assam-Hyb-riden 35 % China-Hyb-riden	476	275.000 kg	2000
North Tukvar	nein	500 bis 850 m	Darjeeling West	40 % Chinasaat 40 % Assam-Hybriden 20 % Clonals	195	110.000 kg	647
Nurbong	ja	-	Kurseong South	dieser Teegarten stellt schon länger als 30 Jahre keinen Tee mehr her	-	300.000 kg	-
Oaks	ja	1300 bis 1820 m	Kurseong North	Chinasaat Assam-Hybriden	-	120.000 kg	-
Okayti	nein	1200 bis 1960 m	Mirik	96 % Chinasaat + China-Hybriden 4 % Assam-Hyb-riden	208	150.000 kg	710
Orange Valley	ja	850 bis 1800 m	Darjeeling East	Chinasaat	220	130.000 kg	-
Phoobse-ring	ja	900 bis 1800 m	Darjeeling West	34 % Clonal 32 % Chinasaat 34 % Assam-Hybriden	282	130.000 kg	722
Phuguri	nein	900 bis 1500 m	Mirik	Chinasaat Clonals	220	170.000 kg	600
Poobong	ja	750 bis 1400 m	Ghoom	Chinasaat	190	70.000 kg	500
Pussimbing	ja	1500 bis 2200 m	Darjeeling East	80 % Chinasaat 20 % Assam-Hybriden	201	90.000 kg	531

S I K
RANGIT R.
TUKVAR
BARNESBEG
NORTH TUKVAR
BADAMTAM
GLENBURN
VAH TUKVAR
SOOM
PHOOBSERING
1
GING
LOPCHU
PASHOK
TUKVAR
7
CHONGTONG
SINGTOM
KANCHAAN VIEW
BANNOCKBURN
TUKDAH
LIZA HILL
HAPPY VALLEY
Planters' Club
DTRC
STEINTHAL
DARJEELING
ARYA
Gymkhana Club
LINGIA
RISHEEHAT
MARYBONG
ORANGE VALLEY
PANDAM
TUMSONG
MIM
RUNGLEE RUNGLIOT
ALLOOBARI
RANGAROON
GIELLE
GHUM
NAMRING
POOBONG
TIGER HILL
PUSSIMBING
KALEJ VALLEY
CHAMONG
OAKS
SONADA
2
DOOTERIAH
8
RUNGMOOK CEDARS
SELIMBONG
RINGTONG
SEEYOK
TURZUM
AVONGROVE
DHAJEA
DILARAM
SUNGMA
MOONDAKOTEE
GOPALDHARA
NAGRI
NARBADA MAJHUA
NAGRIFARM
TUNG
EDENVALE
MOHAN MAJHUA
BALASUN
MARGARET'S HOPE
MAHALDERAM
OKAYTI
MIRIK
PHUGURI
SINGELL
JUNGAPANA
GOOMTEE
THURBO
MONTEVIOT
MULLOOTAR
DTRC
Kurseong Tea Research Centre
SOURENI
MAHANADI
KURSEONG
AMBOOTIA
SIVITAR
SPRINGSIDE
CASTLETON
GIDDAPAHAR
PHUGURI
TINDHARIA
GYABAREE
JOGAMAYA
3
SINGBULLI
MAKAIBARI
TINDHARIA
NURBONG
9
ROHINI
SELIM HILL
CHUNABATI
LONGVIEW
GYABAREE
SEPOYDHOORAH
RONGTONG
SEPOYDHOORAH
R. MECHI
SUKNA
R. BALASAN
4
10

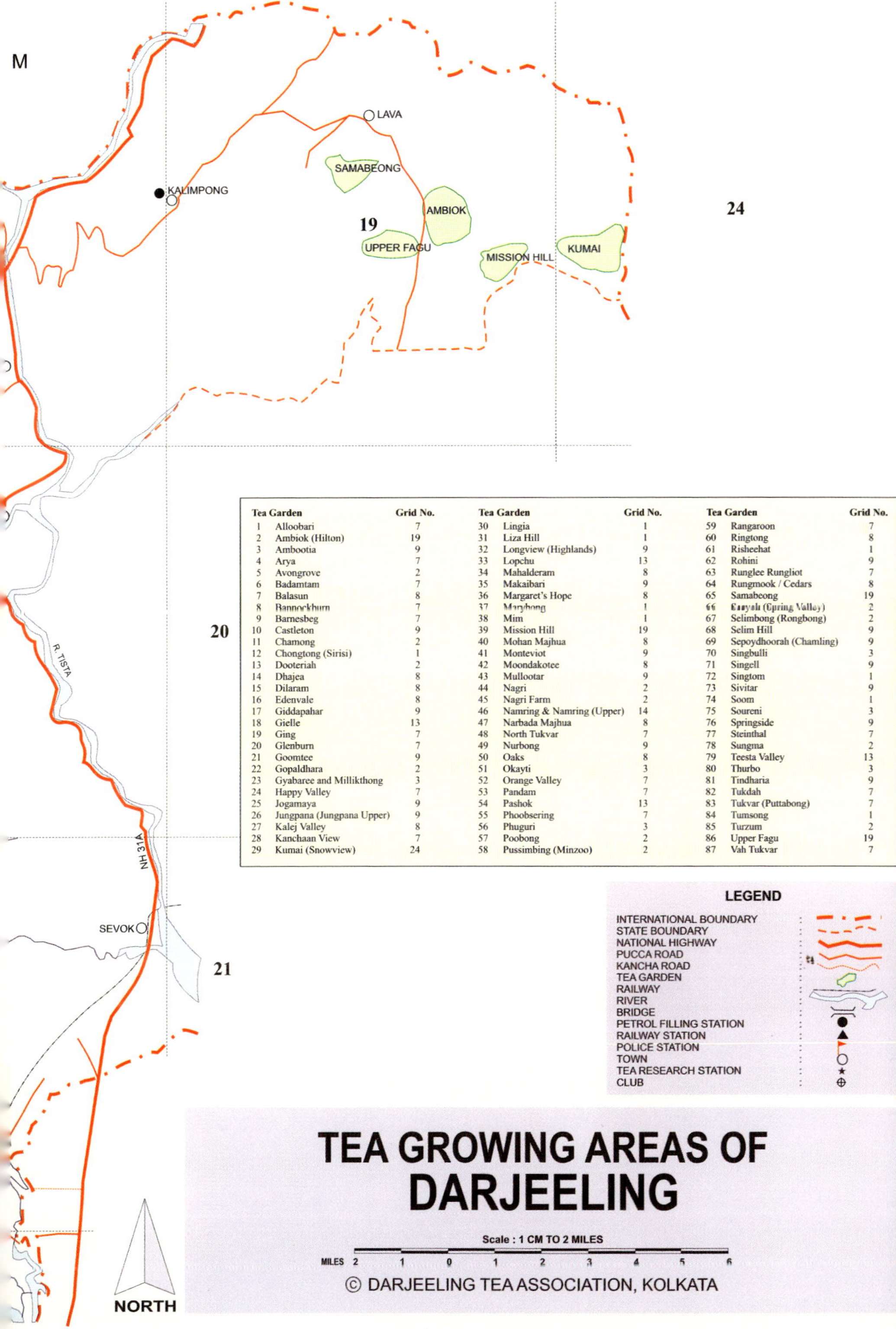

	Tea Garden	Grid No.		Tea Garden	Grid No.		Tea Garden	Grid No.
1	Alloobari	7	30	Lingia	1	59	Rangaroon	7
2	Ambiok (Hilton)	19	31	Liza Hill	1	60	Ringtong	8
3	Ambootia	9	32	Longview (Highlands)	9	61	Risheehat	1
4	Arya	7	33	Lopchu	13	62	Rohini	9
5	Avongrove	2	34	Mahalderam	8	63	Runglee Rungliot	7
6	Badamtam	7	35	Makaibari	9	64	Rungmook / Cedars	8
7	Balasun	8	36	Margaret's Hope	8	65	Samabeong	19
8	Bannockburn	7	37	Marybong	1	66	Seeyok (Spring Valley)	2
9	Barnesbeg	7	38	Mim	1	67	Selimbong (Rongbong)	2
10	Castleton	9	39	Mission Hill	19	68	Selim Hill	9
11	Chamong	2	40	Mohan Majhua	8	69	Sepoydhoorah (Chamling)	9
12	Chongtong (Sirisi)	1	41	Monteviot	9	70	Singbulli	3
13	Dooteriah	2	42	Moondakotee	8	71	Singell	9
14	Dhajea	8	43	Mullootar	9	72	Singtom	1
15	Dilaram	8	44	Nagri	2	73	Sivitar	9
16	Edenvale	8	45	Nagri Farm	2	74	Soom	1
17	Giddapahar	9	46	Namring & Namring (Upper)	14	75	Soureni	3
18	Gielle	13	47	Narbada Majhua	8	76	Springside	9
19	Ging	7	48	North Tukvar	7	77	Steinthal	7
20	Glenburn	7	49	Nurbong	9	78	Sungma	2
21	Goomtee	9	50	Oaks	8	79	Teesta Valley	13
22	Gopaldhara	2	51	Okayti	3	80	Thurbo	3
23	Gyabaree and Millikthong	3	52	Orange Valley	7	81	Tindharia	9
24	Happy Valley	7	53	Pandam	7	82	Tukdah	7
25	Jogamaya	9	54	Pashok	13	83	Tukvar (Puttabong)	7
26	Jungpana (Jungpana Upper)	9	55	Phoobsering	7	84	Tumsong	1
27	Kalej Valley	8	56	Phuguri	3	85	Turzum	2
28	Kanchaan View	7	57	Poobong	2	86	Upper Fagu	19
29	Kumai (Snowview)	24	58	Pussimbing (Minzoo)	2	87	Vah Tukvar	7

Teegarten	BIO	Höhenlage	geogr. Lage	Pflanzen	Tee-anbau (ha)	Ernte	Mitar-beiter
Puttabong (Tukvar)	ja	450 bis 2000 m	Darjeeling West	33 % Darj.-Hyb-riden 65 % Chinasaat 2 % Clonals	436	245.000 kg	1476
Risheehat	ja	560 bis 1600 m	Darjeeling East	Chinasaat Assam-Hybriden	256	180.000 kg	1300
Rohini	nein	800 bis 1500 m	Kurseong South	22,2 % Chinasaat 77,8 % Clonals	138	50.000 kg	271
Runglee Rungliot	nein	800 bis 1500 m	Teesta	50 % Chinasaat + China_Hybriden 50 % Clonals + Assam-Hybriden	184	160.000 kg	500
Seeyok	ja	1300 bis 1600 m	Mirik	65 % Chinasaat Hybriden	160	60.000 kg	420
Selimbong	ja	1180 bis 1655m	Rungbong	Chinasaat Assam-Hybriden	160	50.000 kg	450
Singell	ja	1000 bis 1600 m	North Kur-seong	Chinasaat	242	70.000 kg	570
Singbulli	ja	400 bis 1250 m	Mirik	75 % Chinasaat 25 % Clonals	474	245.000 kg	1320
Sirisi/ Chongtong	nein	750 bis 1500 m	Darjeeling East	50 % Chinasaat 40 % Assam-Hybriden 10 % Clonals	370	200.000 kg	-
Snowview	ja	-	Teesta	80 % Assam-Hybriden 20 % Chinasaat	-	400.000 kg	-
Soom	ja	-	Darjeeling West	Chinasaat Assam-Hybriden	235	220.000 kg	692
Singtom/ Steinthal	ja	-	Darjeeling West	-	-	70.000 bis 80.000 kg	-
Sourenee	ja	1300 m	Mirik	80 % Assam-Hybriden 20 % Chinasaat	96	85.000 kg	226
Springside	nein	15 bis 1830 m	Kurseong North	70 % Chinasaat 30 % Assam-Hybriden	-	85.000 kg	-
Sungma	ja	1100 bis 1700 m	Rungbong	50 % Clonals 50 % Chinasaat	281	150.000 kg	1030
Teesta Valley	nein	650 bis 1300 m	Rungbong	60 % Chinasaat 8 % Clonals 32 % Hybriden	-	230.000 kg	1007
Thurbo	nein	760 bis 1890 m	Mirik	25 % Chinasaat 10 % Clonals 65 % Assam/ Assam-Hybriden	172	250.000 kg	1750
Tindharia	ja	400 bis 1000 m	Kurseong South	40 % Chinasaat 30 % Hybriden 30 % Assam-Hybriden	146	70.000 kg	-
Tukdah	ja	750 bis 1700 m	Rungbong	32,75 % Clonals 59,12 % China-Hybriden 8,18% Assam-Hybriden	288	200.000 kg	752
Tumsong	ja	1500 m	Darjeeling East	Chinasaat Assam-Hybriden	114	70.000 kg	427
Vah Tukvar	nein	-	Darjeeling	-	120	40.000 kg	200

DARJEELING AUTUMNAL - HERBSTTEE

Herkunft: Nordindien, Himalajagebirge

Erntezeit: Oktober bis November – entsprechend der Witterung

Blattbeschaffenheit: offenes, braunschwarzes Blatt mit rötlichen Anteilen, unregelmäßig, mit Stalks und wenigen Tips, bunt wie Herbstlaub

Geschmack: wenn kurzfristig nach der Ernte getrunken: frisch, blumig, mit angenehmer, herbstlicher Würze

Qualität: ansprechender Qualitätstee, der allerdings schnell sein Aroma verliert

Zubereitung: 1 gehäufter TL pro Tasse, frisch kochendes Wasser, Zucker, Sahne oder etwas Zitrone

Ziehzeit: ca. 3 Minuten

Tassenfarbe: rötlichbraun

Infusion: dunkelbraun mit einem Hauch Kupfer

Haltbarkeit: 6 bis 8 Monate

Tipp

Während einer trockenen und sonnenreichen Herbstperiode werden diese interessanten Tees geerntet.

DARJEELING FIRST FLUSH

Herkunft: Nordindien, Himalajagebirge

Erntezeit: Ende Februar bis Mitte April; laut Tea Board of India: vom Austrieb der ersten zarten Teeblätter im Frühling bis 20. Mai; Frühlingstees

Blattbeschaffenheit: grün-gräulich bis schwarz mit grünen Blatt-Teilen, silbrige Tips, kaum Stalks

Geschmack: frisch, belebend, spritzig, dezent herb, aber nicht bitter, frischer, grasiger Duft, Maiglöckchenaroma

Qualität: in witterungsbedingt guten Jahren wunderbares Aroma, intensiver, mild-herber Duft

Zubereitung: 1 gehäufter TL Blätter pro Tasse, evtl. etwas Zucker, kochendes Wasser; Milch oder Sahne würden das zarte Aroma völlig überdecken

Ziehzeit: 3 bis 4 Minuten

Tassenfarbe: zartgrün bis gelblich

Infusion: hellgrün mit leicht bräunlichem Schimmer

Haltbarkeit: Per Flugzeug eingetroffene Tees sollten innerhalb von 6 Monaten konsumiert werden, per Schiff eingetroffene Tees halten durchweg 12 Monate.

Tipp

Bei teureren First-Flush-Darjeelings unbedingt nach der Invoice/Partie-Nr. und dem Jahrgang fragen. Mit höhergehender Invoice-Nr. nimmt meist die Qualität ab. Einzelne kleine, grüne Blätter im Tee deuten nicht unbedingt auf einen reinen First Flush hin. Flugtees nur mit Plantagennamen erwerben, Tees mit dunkelgrüner Infusion halten nur kurze Zeit das Aroma und bittern sehr schnell.

DARJEELING IN BETWEEN

Herkunft: Nordindien, Himalajagebirge

Erntezeit: direkt nach der First-Flush-Ernte – Ende April bis Mitte/Ende Mai

Blattbeschaffenheit: unregelmäßiges, fleischiges, schwarzgrünes Blatt, hellgrüne Einzelblätter, etwas Einwurf

Geschmack: herbwürzig bis leicht bitter, mit dezent süßlichem Unterton

Qualität: preiswerte Mischtees; einfach, aber gut zum regelmäßigen Nebenbeitrinken

Zubereitung: 1 leicht gehäufter TL Blätter pro Tasse, frisch kochendes Wasser

Ziehzeit: 3 bis 4 Minuten

Tassenfarbe: grünbraun/gelbbraun

Infusion: dunkelgrün

Haltbarkeit: 6 bis 8 Monate

Tipp

In-Between-Tees werden meist als First Flush verkauft. Sie sind an der dunkelgrünen Infusion und Tassenfarbe gut zu erkennen.

DARJEELING SECOND FLUSH

Herkunft: Nordindien, Himalajagebirge

Erntezeit: Mitte/Ende Mai bis Ende Juni/Anfang Juli – bis zum Einsetzten der Regenzeit

Blattbeschaffenheit: unregelmäßig braunes, leicht offenes Blatt mit silbrigen/goldenen Tips

Geschmack: kräftig, blumig, mild, dezent süßlich, sehr fein, lange anhaltender Geschmack

Qualität: meist sehr hochwertig, einer der feinsten Tees der Saison

Zubereitung: 1 leicht gehäufter TL pro Tasse, frisch kochendes Wasser, Zucker oder Kandis, Milch oder Sahne – je weicher das Wasser desto ausdrucksvoller der Geschmack

Ziehzeit: 3 Minuten

Tassenfarbe: goldbraun

Infusion: braun bis kupferbraun

Haltbarkeit: je kupferfarbener die Infusion, desto länger hält der Tee; allgemein bis zu 6 Jahren haltbar

Tipp

Kenner bevorzugen den Second-Flush-Tee wegen seiner dunklen Tassenfarbe, seines kräftigeren Geschmacks und seiner zarten Süße.
Bedenkenlos kann man auch ältere Second Flushs kaufen. In Teefachgeschäften gern nach besonderen Jahrgängen fragen.
Ein wunderbarer Nachmittagstee!

DARJEELING POST SECOND FLUSH – REGENTEE

Herkunft: Nordindien, Himalajagebirge

Erntezeit: ab Mitte Juli bis Ende September – Regentees

Blattbeschaffenheit: anfangs schwarzbraunes, später dunkelbraunes, leicht geöffnetes Blatt, voluminös, z. T. mit leuchtend goldenen Tips, braune Blatt-Teile

Geschmack: einfacher Tee ohne geschmackliche Höhepunkte, mildwürzig

Qualität: schlichter Medium-Tee, der, wenn nur kurz fermentiert, auch als Untermischer für Frühlingstees Verwendung findet

Zubereitung: 1 gehäufter TL pro Tasse, frisch kochendes Wasser, Zucker, Milch oder Sahne

Ziehzeit: 3 bis 4 Minuten, bei längerer Ziehzeit bittert der Tee

Tassenfarbe: dunkelbraun

Infusion: dunkelbraun

Haltbarkeit: Je später im Jahr die Tees geerntet werden, desto kürzer ist deren Haltbarkeit; im Durchschnitt 1 bis 2 Jahre

Tipp

Die Regentees der Juliproduktion sind meist optisch recht ansprechend – dunkelbraunes bis schwarzbraunes Blatt mit leuchtend goldenen Tips; später wird es gräulich-braun. Geschmacklich sehr neutral – optisch auch daran zu erkennen, dass die Teepackung meist prall gefüllt ist.

DARJEELING BROKEN

Herkunft: Nordindien, Himalajagebirge

Erntezeit: Ende April bis Oktober

Blattbeschaffenheit: kleines, offenes Blatt mit vielen grünen Anteilen während der Frühlingsernte und hell- bis dunkelbraunen Anteilen während der restlichen Erntezeit

Geschmack: teilweise bitter, herb

Qualität: sehr einfacher Tee für den täglichen Konsum

Zubereitung: 1 gestrichener TL pro Tasse, frisch kochendes Wasser, Zucker und Milch

Ziehzeit: ca. 2 Minuten – bei längerer Ziehzeit wird der Tee recht bitter

Tassenfarbe: braungrün bis braun

Infusion: dunkelgrün bis braunschwarz

Haltbarkeit: 1 bis 2 Jahre

Tipp

Für Freunde eines herben und bitteren Geschmacks ist das der richtige Tee. Aufgrund der geringen Nachfrage wird er häufig bereits auf den Teeplantagen in den Blatt-Tee gemischt.

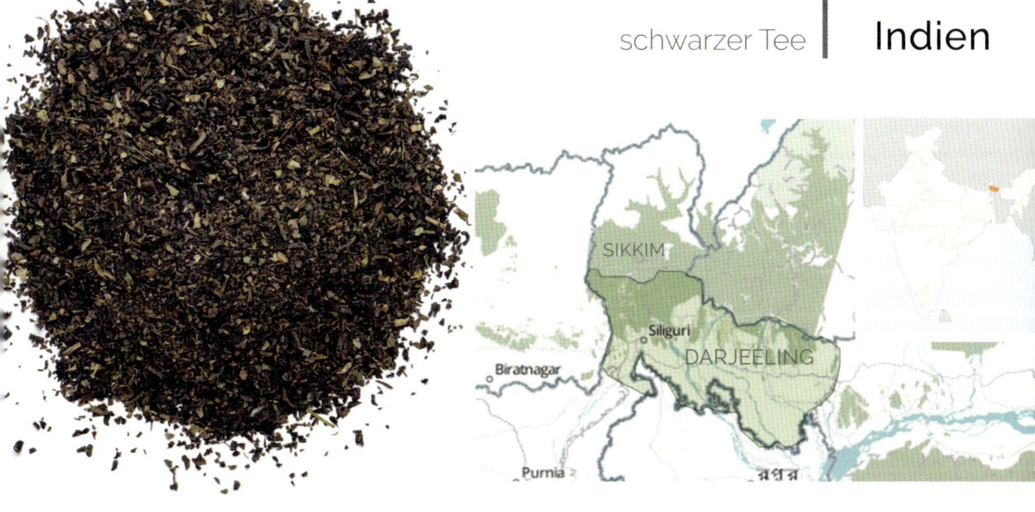

DARJEELING FANNINGS

Herkunft: Nordindien, Himalajagebirge

Erntezeit: Absiebung während der gesamten Erntezeit

Blattbeschaffenheit: kleines, feines, fast staubiges Korn, je nach Erntezeit im Frühling grün bis grüngelb, im Sommer bräunlich bis schwarzbraun, zur Regenzeit bräunlich bis hellbraun

Geschmack: äußerst mild bis herbkräftig, entsprechend der Erntezeit

Qualität: qualitativ einfacher Aufgussbeuteltee, dessen milder und einfacher Geschmack sich sehr selten durch das Filterpapier der Beutel durchsetzen kann

Zubereitung: 1 Aufgussbeutel pro Tasse – wird als loser Tee kaum angeboten, gerne mit Milch und Zucker

Ziehzeit: ungemischt in Aufgussbeuteln mindestens 4 bis 5 Minuten, als Mischung mit Tees anderer Ursprungsländer 2 bis maximal 3 Minuten

Tassenfarbe: gelbgrün bis rotbraun

Infusion: gelbgrün bis dunkelbraun

Haltbarkeit: 1 bis 2 Jahre

Tipp

Fannings-Grade sind reine Aufgussbeuteltees. Die Blatt-Teile sind sehr klein und können hervorragend vom Wasser ausgelaugt werden, weshalb diese Tees merkbar schneller bittern als Blatt-Tees. Ungemischt werden sie kaum eingesetzt, da sich die wenigen Geschmacksstoffe kaum durch das Papier des Aufgussbeutels durchsetzen können.

DARJEELING GREEN TEA

Herkunft: Nordindien, Himalajagebirge

Erntezeit: End of Season – ab Ende August

Blattbeschaffenheit: grau-schwarz mit einem Hauch von Grün

Geschmack: herbfrisch, relativ neutral

Qualität: sehr einfacher grüner Tee

Zubereitung: 1 gestrichener TL pro Tasse, abgekochtes Wasser, Temperatur unerheblich, da kaum Geschmacksstoffe zerstört werden können

Ziehzeit: ca. 3 Minuten – bei längerer Ziehzeit bittert der Tee

Tassenfarbe: grüngelb

Infusion: dunkelgrün

Haltbarkeit: 1 bis 2 Jahre

Tipp

In Darjeeling wird hervorragender schwarzer Tee produziert – das Know-how für gute grüne Sorten ist leider nicht vorhanden.
Deshalb sind die Grüntees dieser Region meist recht gewöhnungsbedürftig und können mit Qualitäten aus China, Japan oder Vietnam nicht mithalten.

Assam, Dooars und Terai

Mittlerweile gehören Assam-Tees zum Hauptbestandteil unseres Sortiments, gemischt wie pur. Besonders in Ostfriesland bevorzugt man diese Sorten, da sie intensiv kräftig, malzig, würzig und dunkel färbend sind. Auch als Aufgussbeuteltees sind sie kaum noch wegzudenken, da sie ihren Charakter auch durch das Papier hindurch bestens entfalten können.

Second-Flush-Assams zeichnen sich durch ein dunkles Blatt mit vielen goldenen Tips aus. Die Tassenfarbe ist goldbraun mit rötlichem Touch – gute Assam-Tees verändern ihre Tassenfarbe schnell. Sie cremen, d. h. dass die reichlich vorhandenen ätherischen Öle beim Erkalten eine milchartige, cremige Verfärbung bewirken. Je schneller der Tee cremt, desto hochwertiger ist er einzustufen. In der Tasse hinterlassen diese Tees häufig einen sichtbaren Rand – auch dieser deutet auf einen qualitativ guten bis hochwertigen Tee hin.

Tees aus Dooars und Terai, jenen Anbaugebieten, die zwischen Assam und Darjeeling liegen, sind ideale Ergänzungen zu den First-Flush-Darjeelings. Das Aroma ist zwar nicht so fein und ausgeprägt, dafür sind diese Tees meist etwas kräftiger, dünkler färbend und deutlich preisgünstiger – ideale Mischtees für leichte First Flushs. Nach der recht kurzen Frühlingsernte wird die Produktion auf CTC-Basis umgestellt.

Augrund der geografischen Lage Assams (an China angrenzend) werden gebietsbezogene Einzelheiten nur zögerlich preisgegeben. Von einigen ausgesuchten Plantagenmanagern erhielt ich Details und darf diese auch veröffentlichen:

Teegärten in Assam

Teegarten	BIO	geogr. Lage	Pflanzen	Teeanbau (ha)	Ernte	Mitarbeiter
Bherjan	nein	-	-	16	25.000 kg	25
Doomni	nein	Nalbari Distr.	Clonals	817	1.450.000 kg	420
Halmari	nein	Upper Assam	Clonals	-	-	-
Mangalam	nein		Clonals	114	-	-
Manjushree	nein	Sonari	Saat + Clonals	615	1.300.000 kg	1650
Maud	ja	-	-	156	175.000 kg	274
Meleng	nein	Jorhat	20 % Chinasaat 80 % Clonals	846	1.500.000 kg	1700
Mokalbari	nein	Upper Assam	Clonals	780	1.865.000 kg	1533
Nahorhabi	nein	Sibsagar	60 % Saat 40 % Clonals	695	1.200.000 kg	1600
Sankar	nein	-	-	129	300.000 kg	245
Sewpur	ja	-	-	195	225.000 kg	330
Tonganagaon	ja	-	-	538	600.000 kg	905
Towkok	nein	Sonari	Saat + Clonals	751	1.300.000 kg	1750

Stand Sommer 2016

ASSAM BLATT ORTHODOX

Herkunft: östliches Nordindien, Assam

Erntezeit: teilweise ganzjährig, vorwiegend aber ab März bis November/Dezember
Beste Second Flushs von Ende Mai bis Anfang Juli

Blattbeschaffenheit: ansprechendes, fast schwarzes Blatt mit sehr vielen goldenen Tips

Geschmack: First Flush: leichte, zarte, mildwürzige Tees, die kaum bittern
Second Flush: vollmundig, würzig, kräftig, malzig bei zu langer Ziehzeit herb und bitter

Qualität: Selfdrinker, geeignet für jedes Wasser, teilweise hervorragende Qualitäten

Zubereitung: 1 gehäufter TL Blätter pro Tasse, frisch kochendes Wasser mit Milch/Sahne und Zucker/Kandis servieren

Ziehzeit: 2 bis 4 Minuten, möglichst nicht länger!

Tassenfarbe: goldbraun bis rotbraun

Infusion: braun in unterschiedlichsten Schattierungen

Haltbarkeit: 3 bis 4 Jahre, eventuell sogar länger

Tipp

Beim Einkauf auf die goldenen Tips als Qualitätsmerkmal achten!

ASSAM BROKEN ORTHODOX

Herkunft: östliches Nordindien, Assam

Erntezeit: teilweise ganzjährig, vorwiegend aber ab März bis November/Dezember, beste Second Flushs von Ende Mai bis Anfang Juli

Blattbeschaffenheit: ansprechendes, fast schwarzes Blatt mit sehr vielen goldenen Tips

Geschmack: Second Flush: vollmundig, kräftig, würzig, malzig
Spätsommertees: kräftig, sehr dunkel färbend, Tees bittern sehr schnell

Qualität: geeignet für jedes Wasser, sehr kräftige und dunkel färbende Tees

Zubereitung: 1 gestrichener TL Blätter pro Tasse, frisch kochendes Wasser, Milch/Sahne, Zucker/Kandis

Ziehzeit: 1 ½ bis 2 Minuten

Tassenfarbe: dunkles Goldbraun bis dunkles Rotbraun, gute Tees cremen beim Kälterwerden (Qualitätsmerkmal)

Infusion: goldbraun bis rotbraun, Spätsommertees dunkelbraun

Haltbarkeit: Second Flush: 3 bis 4 Jahre
Spätsommertees: 1 bis 2 Jahre

Tipp

Gute Assam Broken cremen recht schnell, was auf hochwertige Sorten hindeutet. Auf dem Tee schwimmt häufig eine ölige Schicht – diese ätherischen Öle sind ebenso ein Qualitätsmerkmal!

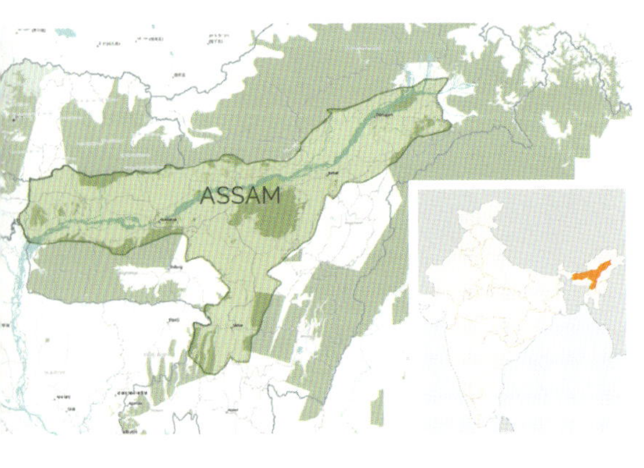

ASSAM CTC-PRODUKTION

Herkunft: östliches Nordindien, Assam

Erntezeit: teilweise ganzjährig, Hauptproduktionszeit vor und nach der Second-Flush-Ernte

Blattbeschaffenheit: kleines, braunes Korn

Geschmack: extrem kräftig, bitter

Qualität: Tee zum Mischen mit geschmacklich leichteren Teesorten, idealer Aufgussbeuteltee – färbt das Wasser sehr schnell

Zubereitung: pur zubereitet: ½ TL pro Tasse, kochendes Wasser, Zucker, Milch

Ziehzeit: 1 bis maximal 2 Minuten

Tassenfarbe: dunkelbraun

Infusion: rotbraun

Haltbarkeit: ca. 1 Jahr

Tipp

Sehr kräftiger und herber Tee; CTC-Tees eignen sich für Teemaschinen mit und ohne Filtereinsatz, gute CTC-Tees finden z. B. in Ostfriesen-Teemischungen oder English-Breakfast-Tee Verwendung.

NILGIRI

Herkunft: Südindien, Nilgiri

Erntezeit: ganzjährig, Top-Qualitäten von Januar bis März

Blattbeschaffenheit: braunes Blatt, teilweise recht grob

Geschmack: fruchtig frisch, zitrusartig, kräftig

Qualität: angenehme, kräftige Bread-and-Butter-Tees, gute Mischer, im Frühjahr typische English-Breakfast-Tees

Zubereitung: 1 gestrichener TL pro Tasse, frisch kochendes Wasser

Ziehzeit: 1 bis 2 Minuten, Blatt-Tees bis zu 3 Minuten

Tassenfarbe: goldbraun bis rötlich

Infusion: im Frühjahr goldbraun, später braun bis dunkelgrün

Haltbarkeit: 1 bis maximal 2 Jahre

Tipp

Interessant sind besonders die während des Frühjahrs hergestellten Sorten, die teilweise sogar ein Darjeelingblatt und -flavour besitzen. Südindische Tees verlieren ihr Aroma rasch.

NEPAL

Viele nepalesische Teegärten grenzen direkt an jene in Darjeeling. Häufig werden daher nepalesische Ernten an Darjeeling-Teegärten verkauft, die dann die Vermarktung für sie regeln.

Die nepalesichen Teebauern bemühen sich, den Tee international „hoffähig" zu machen. Mittlerweile spannt sich das Spektrum von schwarzen Tees mit dunkler, assamähnlicher Tasse über kräftig blumige Second- und aromatische First Flushs, sehr geschmackvolle und handwerklich gut hergestellte weiße Tees sowie akzeptable Grüntees mit leicht dunklerer Tassenfarbe, bis hin zu verschiedenen Oolong-Tees, die den taiwanesischen ähneln. Man ist experimentierfreudig und geht sehr gern auf die Wünsche der internationalen Käufer ein.

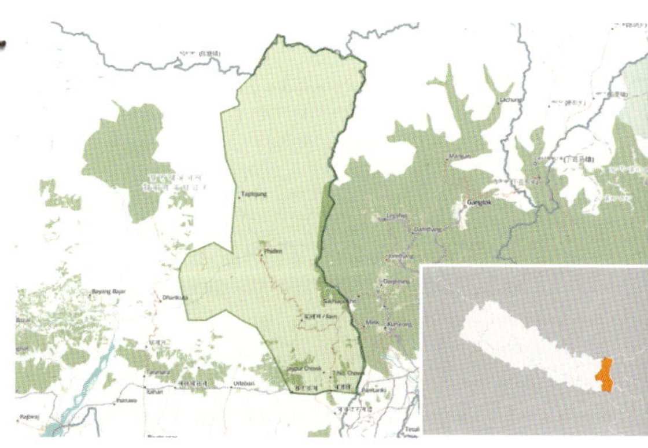

NEPAL

Herkunft: Nepal

Erntezeit: April bis September

Blattbeschaffenheit: uneinheitliche Blattstrukturen – teilweise filigran zart, teilweise sehr grob

Geschmack: weich, blumig, mild, selten bitter

Qualität: teilweise sehr ansprechende Qualitäten, geschmacklich Darjeeling sehr ähnlich, mit leicht chinesischem Touch

Zubereitung: 1 gehäufter TL pro Tasse, für schwarze Tees kochendes Wasser, für grüne und weiße abgekochtes, auf ca. 80° C erkaltetes Wasser

Ziehzeit: 3 bis 5 Minuten

Tassenfarbe: gelblich-braun bis dunkelbraun

Infusion: bräunlich mit unterschiedlichem Farbspektrum

Haltbarkeit: 2 bis 3 Jahre

Tipp

Aufgrund der unmittelbaren Nachbarschaft werden diese Tees häufig als Darjeeling angeboten.
Beim Einkauf unbedingt darauf achten, dass die Tees auch frisch und aus einer der letzten Ernten stammen.

SRI LANKA

Wenn man über Tee aus dieser Region spricht, sagt man **Ceylon**.

Der ehemalige Name dieser Insel wurde von vielen Institutionen beibehalten, so auch vom Teehandel. Im Zentrum Sri Lankas gibt es unterschiedliche Anbaugebiete, die ebenso unterschiedliche Teequalitäten herstellen. Lowgrown Tees wachsen auf bis zu 600 Meter Höhe, Mediumqualitäten rund um die Kaiserstadt Kandy, in Uda Pusselawa, Uva und einigen Regionen in Dickoya in Höhen von bis zu 1.200 Meter. Highgrown Tees findet man in Nuwara Eliya und Dimbula in Höhen bis zu 2.000 Meter. Besonders um Nuwara Eliya herum gibt es auch Frost oder gelegentlich gar Schnee. Vorrangig wird Tee aus der Assamsaatpflanze angebaut, aber je höher man steigt, desto häufiger findet man auch Chinasaaten.

Die Ernte findet ganzjährig in Intervallen von 21 Tagen statt. Einige Plantagen versuchten sich an der Produktion von CTC-Tees ebenso wie der Herstellung von grünen Sorten, beides hat sich allerdings nicht richtig etabliert. Der Verkauf findet über die Auktion in Colombo statt, wo sich auch nach wie vor der Hauptverschiffungshafen befindet.

ERNTEZEITEN CEYLON

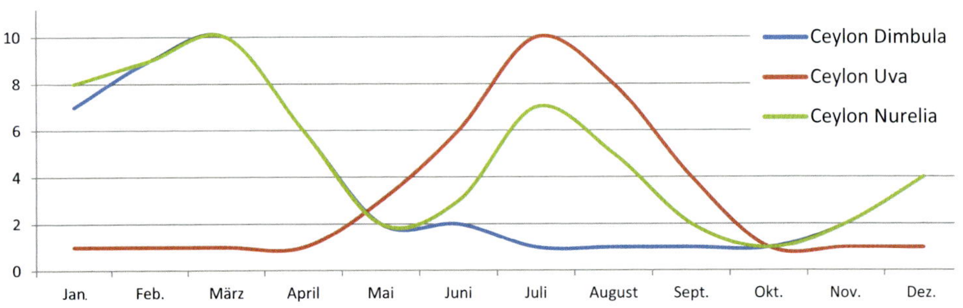

0 = keine Ernte
1 = geringe Qualität
5 = ordentliche Qualität
10 = Top-Qualitäten

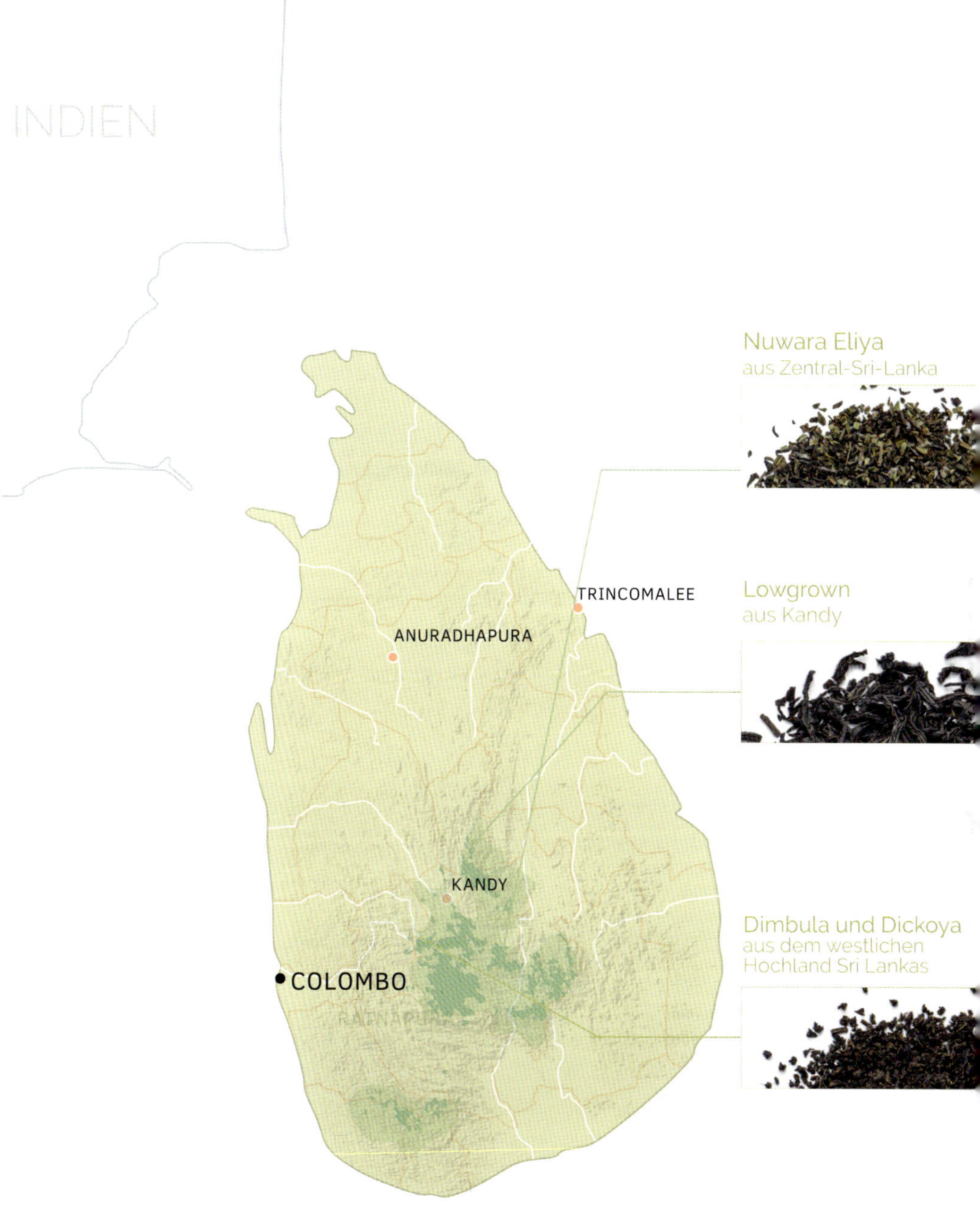
INDIEN
TRINCOMALEE
ANURADHAPURA
KANDY
COLOMBO
Nuwara Eliya
aus Zentral-Sri-Lanka
Lowgrown
aus Kandy
Dimbula und Dickoya
aus dem westlichen
Hochland Sri Lankas

DIMBULA UND DICKOYA

Herkunft: westliches Hochland Sri Lankas, Dimbula

Erntezeit: ganzjährig, feinste Qualitäten von Januar bis Ende März

Blattbeschaffenheit: kleines, rotbraunes Blatt, z. T. mit einigen grünen Blättern

Geschmack: fruchtig frisch, herb, zitrusartig, die Mundschleimhäute zusammenziehend

Qualität: typischer englischer „Early Morning Tea“, hochwertig und lange haltbar

Zubereitung: 1 gestrichener TL pro Tasse, frisch kochendes Wasser, Zucker, Zitrone oder Milch

Ziehzeit: 1 bis 1 ½ Minuten, ab 3 Minuten Ziehzeit bittert der Tee stark

Tassenfarbe: hellrot

Infusion: hellbraun mit kupferfarbenem Touch

Haltbarkeit: 2 bis 3 Jahre

Tipp

Sobald die Blätter auf den Siebboden sinken, ist der Tee trinkbereit. Zurückhaltend dosieren, da der Tee sonst sehr herb bis bitter schmeckt.

LOWGROWN

Herkunft: Kandy, Ratnapura, Sri Lanka

Erntezeit: ganzjährig

Blattbeschaffenheit: unregelmäßiges, schwarzes Blatt, z. T. mit Broken-Anteilen, z. T. sehr grob

Geschmack: würzig, kräftig, Assam-ähnlich

Qualität: guter Medium-Tee, geeignet für den Samowar und zum Aromatisieren

Zubereitung: 1 gehäufter TL pro Tasse, frisch kochendes Wasser, Zucker, Milch, gern auch ein Blatt frische Minze
Samowar: 2 EL Blätter in das Kännchen, mit frisch kochendem Wasser bedecken und sofort wieder abgießen. Danach Kännchen mit den angequollenen Blättern erneut mit frisch kochendem Wasser auffüllen. Blätter können im Kännchen bleiben – nun bittern sie nicht mehr.

Ziehzeit: 2 bis 3 Minuten

Tassenfarbe: tiefes Rotbraun

Infusion: braun bis schwarzbraun

Haltbarkeit: 3 bis 4 Jahre

Tipp

Im arabischen Raum wird dieser Tee gern entweder mit Kardamom oder einem Blatt Minze serviert.

NUWARA ELIYA

Herkunft: Plateau zwischen Uva und Dimbula, Zentral-Sri-Lanka

Erntezeit: ganzjährig, beste Zeit Januar bis April und Juli/August

Blattbeschaffenheit: vorwiegend recht kleines, rotbraunes Blatt

Geschmack: zitrusartig frisch, belebend

Qualität: hervorragende Qualitäten

Zubereitung: 1 gestrichener TL Blätter pro Tasse, frisch kochendes Wasser, Zitrone oder Milch, Zucker

Ziehzeit: 1 bis 2 Minuten, sonst wird der Tee sehr herb

Tassenfarbe: rotgold

Infusion: goldbraun

Haltbarkeit: 3 bis 4 Jahre

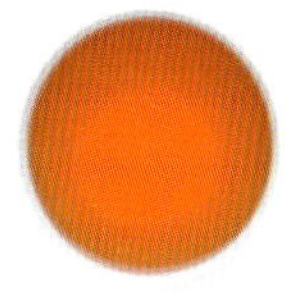

Tipp

Achtung beim Einkauf auf Sri Lanka: Meist werden dort kleinblättrige Fannings-Tees aus dem Hochland an die Touristen verkauft. Diese entsprechen kaum unserem Geschmacksempfinden und sind schon nach 1 Minute Ziehzeit herb und bitter.

UVA UND UDA PUSSELAWA

Herkunft: östlisches Hochland Sri Lankas, Uva

Erntezeit: ganzjährig, Spitzenqualitäten im Juli/August

Blattbeschaffenheit: dunkelbraunes, schweres, kleines Blattkorn

Geschmack: kräftig, blumig, preiselbeerartiger Duft und Geschmack

Qualität: während der Sommerzeit hervorragend, während der Regenzeit geschmacksneutral

Zubereitung: 1 bestrichener TL pro Tasse, frisch kochendes Wasser, Zucker, Milch oder evtl. Zitrone

Ziehzeit: 2 bis 3 Minuten

Tassenfarbe: tiefrot bis braun

Infusion: im Sommer braun, sonst häufig auch mit dunkelgrünem Einwurf

Haltbarkeit: Sommertees 9 bis 12 Monate, Regentees 6 Monate

Tipp

Uva-Tees entfalten ihren Geschmack besonders gut in hartem Wasser oder moorigem Regenwasser (Ostfriesland), sollten aber innerhalb eines Jahres nach der Ernte konsumiert werden.

JAPAN

Traditionell wird in Japan schon seit mehreren tausend Jahren Tee angebaut und getrunken.

Die wichtigsten und größten Anbaugebiete liegen weit im Süden, rund um Shizuoka wird allerdings nahezu 50 Prozent der Gesamternte produziert. Etwa 80 Prozent wird maschinell geerntet, 20 Prozent per Hand. Man züchtete Teepflanzen mit ovalen Blättern, da die normalerweise spitz zulaufenden durch die Schneidemesser der Erntemaschinen zerschnitten wurden und eine beginnende Oxidation der Zellsäfte die Herstellung hervorragender Grüntees verhinderte. In Japan werden vorwiegend grüne, zum geringen Teil aber auch Oolong-Tees hergestellt.

Geradezu akribisch findet die Produktion, also das Rollen, Blanchieren, Trocknen und spätere Sieben statt. Viele Teeplantagen verwenden zum Sieben fototechnisch betriebene Maschinen. Jedes einzelne Blatt durchläuft einen Irrgarten von Schleusen und Kanälen, wo es nach Farbe, Größe und Beschaffenheit mehrfach sortiert wird. Broken oder gar Fannings-Teile werden aussortiert und entweder zermahlen und mit einem Bindemittel zu Kokeicha gepresst oder aber exportiert.

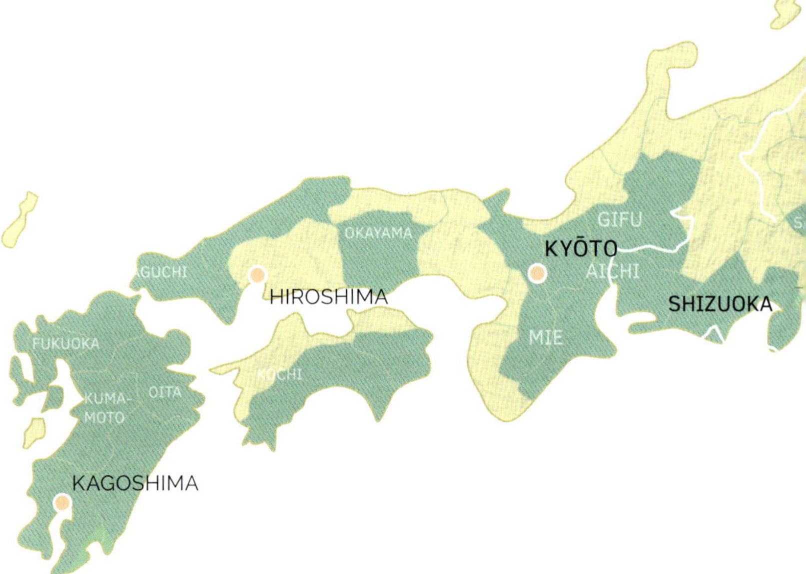

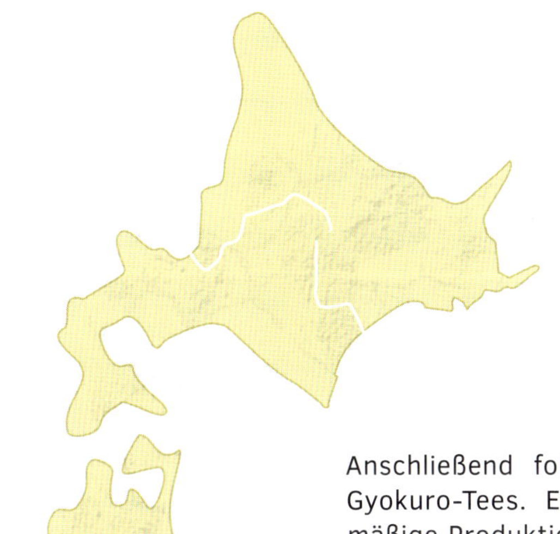

Die Ernte beginnt spät im April mit den ersten zarten Blättern, die in Steinmühlen zu feinstem Matchapulver verarbeitet werden. Allerdings werden mittlerweile sehr viele Matcha-Tees in China hergestellt, da der Arbeitslohn dort deutlich geringer als in Japan ist.

Anschließend folgt die Ernte der First-Flush- und Gyokuro-Tees. Erst Mitte Mai beginnt die mengenmäßige Produktion, die im August mit der Herstellung der Bancha-Tees endet.

Teegebiete Shizuoka

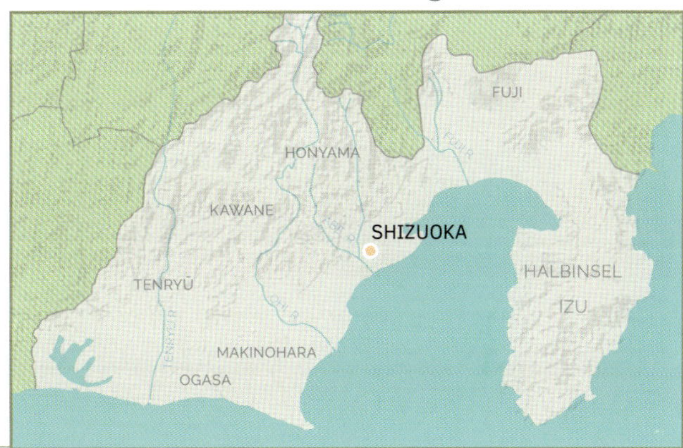

ERNTEZEITEN JAPAN

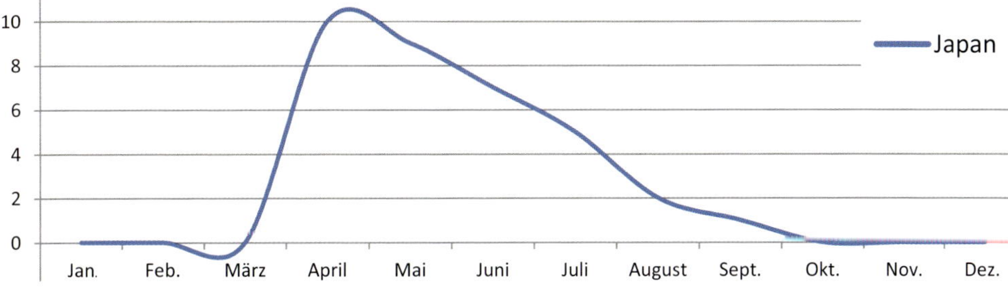

Einige bekannte Plantagen in Japan

Präfektur Shizuoka
Makinohara, Honyama, Kawane, Ogasa, Fuji, Tenryū, Hatsukura, Sakabe

Präfektur Kagoshima
Ariake, Makurazaki, Osumi

Präfektur Kyōto
Uji, Ujitawara, Ayabe, Yamashiro

Präfektur Mie
Suizawa, Tochihara, Kameyama

Präfektur Nara
Yamato, Tsukigase

Präfektur	Anbaufläche	Prozent der Gesamternte
01. Shizuoka	22.800	49,1
02. Kagoshima	7.560	16,2
03. Mie	3.910	7,7
04. Nara	1.380	3,1
05. Kyōto	1.700	3,0
06. Miyazaki	1.980	3,0
07. Kumamoto	1.980	2,4
08. Saga	1.060	2,1
09. Fukuoka	1.580	2,0
10. Saitama	2.360	1,5
11. Nagasaki	805	*
12. Aichi	796	
13. Gifu	1.310	
14. Shiga	1.090	
15. Kōchi	935	
16. Ōita	851	
17. Shimane	338	
18. Ibaragi	962	
19. Tokushima	400	
20. Okayama	258	
21. Hyōgo	285	
22. Kagawa	299	
23. Kanagawa	297	
24. Yamaguchi	143	

* Werte unter 1,5 Prozent wurden nicht berücksichtigt

Präfektur	Anbaufläche
25. Chiba	410
26. Ehime	255
27. Hiroshima	216
28. Yamanashi	218
29. Tokyo	332
30. Okinawa	63
31. Wakayama	80
32. Nagano	111
33. Tottori	23
34. Niigata	30
35. Gunma	103
36. Tochigi	195
37. Fukui	8
38. Toyama	9
39. Miyagi	21
40. Ishikawa	15
41. Iwate	7
42. Ōsaka	3
43. Fukushima	3
44. Akita	1
45. Yamagata	0
46. Aomori	0
47. Hokkaidō	0

Gesamtfläche: 56.682 ha
Erntemenge: 90.000 bis 100.000 t

SENCHA

Herkunft: Japan, Shizuoka

Erntezeit: Mitte Mai bis Mitte Juli

Blattbeschaffenheit: langes, flach gepresstes, breites hell- bis dunkelgrünes Blatt

Geschmack: mildherb bis fruchtig zart

Qualität: entsprechend der Erntezeit – feinste Qualitäten im Mai mit dunkelgrünem, zartem Blatt, im Juni breiteres und grünes Blatt mit guter Qualität und im Juli bereits gelbgrünes mit einigen Stalks versehenes Blatt mit preiswerterer, herber Qualität

Zubereitung: 1 gestrichener TL Blätter, abgekochtes, auf ca. 80° C erkaltetes Wasser

Ziehzeit: trinkbereit, sobald die Blätter herabsinken; First-Flush-Sencha (Mai) bereits nach 1 Minute; Sommer-Sencha (Juni) 2 bis 3 Minuten; Sencha (Juli) bis zu 5 Minuten

Tassenfarbe: zartgrün bis gelbgrün

Infusion: gelb bis dunkelgrün

Haltbarkeit: 1 bis 2 Jahre

Tipp

First-Flush-Sencha gern auch in Vakuumpackungen kaufen. Diese Tees sind oft recht koffeinhaltig und somit hervorragende Wachmacher!

GYOKURO („TAUTROPFEN“)

Herkunft: Japan

Erntezeit: Ende April/Anfang Mai

Blattbeschaffenheit: zartes, nadelförmiges, dunkelgrünes Blatt

Geschmack: fruchtig-trockener Geschmack, süßlich im Abgang

Qualität: feinster Tee des Jahres, nach besonderen Verfahren hergestellt, meist sogar handgepflückt, hoher Koffeinanteil, viele Gerbstoffe, sehr teure Rarität

Zubereitung: Teelöffelboden bedeckende Menge Blätter pro Tasse, abgekochtes Wasser auf 70° C – bei sehr teuren Tees sogar auf 65° C – erkalten lassen (Thermometer); Tee bittert nicht, gern nochmals etwas Wasser nachschenken

Ziehzeit: 1. Aufguss bereits nach 23 bis 30 Sekunden, 2. Aufguss 2 bis 3 Minuten

Tassenfarbe: neongrün

Infusion: hellgrün

Haltbarkeit: vakuumverpackt mehrere Jahre, geöffnet oder lose 1 bis 2 Jahre

Tipp

Die Teebüsche werden eigens für die Ernte dieses Tees 20 bis 21 Tage lang mit Reetmatten abgedeckt, damit die Sonnenstrahlen keine Inhaltsstoffe zerstören können. Für Top-Gyokuros werden in Japan Preise von bis zu US$ 4.000 pro Kilogramm bezahlt.
Einkaufstipp: je dunkler und zarter die Blätter, desto hochwertiger der Tee!

MATCHA

Herkunft: Japan und China

Erntezeit: April – vor der Ernte der Gyokuroblätter

Blattbeschaffenheit: in Steinmühlen zu winzigen Blatt-Teilen gemahlene Teeblätter, dunkelgrün

Geschmack: einfach zubereitet bitter, mit einem Besen aufgeschlagen herb mit fruchtig-süßlichem Abgang

Qualität: in Vakuumdosen verpackte Matcha-Tees meist hervorragend, lose oder in abgeschweißten Tüten verpackte Tees sollten vorrangig zum Kochen eingesetzt werden

Zubereitung: Messerspitze Pulver in eine Schale geben, abgekochtes Wasser auf ca. 75° C erkalten lassen und Pulver mit Bambusbesen aufschlagen

Ziehzeit: trinkbereit, sobald Tee schön cremig geschlagen ist

Tassenfarbe: dunkelgrün

Haltbarkeit: vakuumverpackt 1 bis 2 Jahre, geöffnete Dosen relativ schnell verbrauchen

Tipp

Geöffnete Dosen/Packungen wieder gut verschließen und im Kühlschrank aufbewahren.
Guter Matcha-Tee kann ein wahrer Powertee und Muntermacher sein!

GENMAICHA

Herkunft: Japan und China

Erntezeit: Juli bis Ende August

Blattbeschaffenheit: offene, grüne Blätter vermischt mit geröstetem Reis und Puffmais

Geschmack: süßliches Getränk, wenig Ähnlichkeit mit Tee, Kaugummigeschmack

Qualität: sehr einfacher Tee mit Reis oder Puffmais

Zubereitung: 1 leicht gehäufter TL pro Tasse, kochendes Wasser

Ziehzeit: 3 bis 4 Minuten

Tassenfarbe: gelbgrün

Infusion: dunkelgrün mit weißen Teilen

Haltbarkeit: 2 bis 3 Jahre

Tipp

preiswerte Variante eines teeähnlichen Getränks

BANCHA

Herkunft: Japan und China

Erntezeit: Ende Juli/August

Blattbeschaffenheit: grobes, unregelmäßiges, breites Blatt, gelbgrün mit braunen Anteilen und Stalks

Geschmack: herb, leicht fischig oder manchmal nach Spinat

Qualität: sehr einfacher End-of-Season-Konsumtee

Zubereitung: 1 TL Blätter pro Tasse, kochendes Wasser

Ziehzeit: 2 bis 3 Minuten, Tee wird bitter

Tassenfarbe: braungrün

Infusion: bräunlich-dunkelgrün

Haltbarkeit: 1 Jahr

Tipp

Bancha wird häufig als Basis für aromatisierte Teemischungen verwendet.

SÜDKOREA

Tee wächst in Korea vorwiegend im Süden. Auf vorgelagerten, zum **UNESCO-Weltnaturerbe** gehörenden Inseln finden sich besonders feine Sorten.

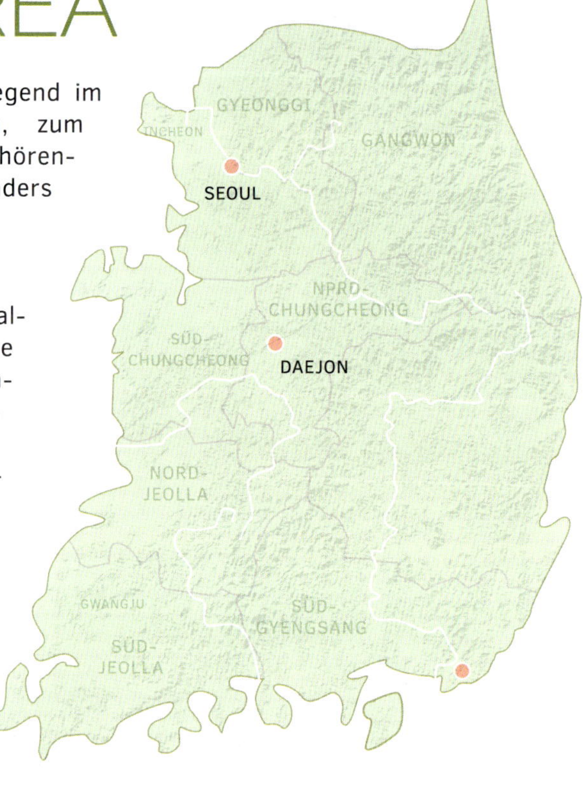

Vulkanisches Gestein, mineralreiche Böden und eine hohe Niederschlagsmenge garantieren bei durchschnittlichen Temperaturen von 15° C ein gutes, aber nicht zu schnelles Wachstum.

Woojeon bedeutet übersetzt „vor dem Regen" – er ist der allererste grüne Tee im Jahr und wird von Mitte bis Ende April, bis zum Einsetzen des Frühlingsregens, geerntet. Diese Sorte ist eine Rarität und gilt als der feinste koreanische Tee am Markt.

Südkoreanische Tees sind geschmacklich den japanischen sehr ähnlich und werden daher auch seit der Fukushima-Katastrophe ersatzweise getrunken.

WOOJEON

Herkunft: Südkorea, Jeju-do (UNESCO World Natural Heritage)

Erntezeit: Mitte bis Ende April

Blattbeschaffenheit: zartes, kleines, leicht gekräuseltes, smaragdgrünes Blatt

Geschmack: mild, nussig und fruchtig, dezent süßlich

Qualität: Spitzentee der ersten Frühlingsernte vor dem Einsetzen des heftigen Frühlingsregens

Zubereitung: gestrichener TL Blätter pro Tasse, abgekochtes, auf ca. 80° C erkaltetes Wasser

Ziehzeit: 2 bis 3 Minuten

Tassenfarbe: smaragdgrün

Infusion: grüngelb

Haltbarkeit: 1 bis 2 Jahre

Tipp

Ob im Winter heiß oder im Sommer kalt getrunken – eine erfrischende Besonderheit aus dem Süden Koreas. Koffeinreich!

TAIWAN

Das **Know-how** zu Tee-Anbau und -herstellung stammt ursprünglich vom Festland Chinas, die Tee-Industrie Taiwans hat jedoch ihre ganz eigenen hervorragenden Qualitäten entwickelt.

Trotz der Namensgleichheit verschiedener Sorten sind die taiwanesischen Qualitäten geschmacklich und optisch komplett unterschiedlich. Während in Kontinental-China z. B. der **Pi Lo Chun** meist ein kleinblättrig gekräuseltes Blatt und einen dezent süßlich-fruchtigen Geschmack aufweist, sind die Blätter der auf Taiwan hergestellten Tees deutlich größer, unregelmäßiger und der Geschmack zwar gleichermaßen süßlich-fruchtig, aber deutlich intensiver und kräftiger.

Ähnlich ist es beim taiwanesischen **Lung Ching**, der Blatt für Blatt fast ein kleines Kunstwerk darstellt.

Eine Besonderheit sind auch die **Oolong-Tees** der Insel. Sie sind ideale Selfdrinker, geeignet für hartes wie auch weiches Wasser. Gute Qualitäten bittern nie, egal wie lange der Tee im heißen Wasser zieht. Viele Teebüsche wachsen unter Obstbäumen – wenn im Frühling dann die Orangenbäume blühen, der Blütenstaub auf die zarten, sich entwickelnden Teeblätter fällt und diese dann rasch geerntet werden, kann dieser besondere Tee einen Hauch feines Orangenaroma entwickeln. Für derartige Raritäten, von denen es nur wenige Kilogramm pro Jahr gibt, schicken große Industriefirmen ihre Aufkäufer in die Anbaugebiete der Berge und sind bereit, bis zu US$ 3.000 pro Kilogramm Tee zu bezahlen.

FORMOSA OOLONG

Herkunft: Taiwan

Erntezeit: feinste Qualitäten von Mai bis Juni, Medium-Qualitäten von Ende Juni bis Ende Juli, einfache Qualitäten Ende Juli bis Ende August

Blattbeschaffenheit: grobes, ungleichmäßiges, hell- bis dunkelbraunes Blatt, feine Qualitäten mit einigen silbrigen Tips

Geschmack: brotig, blumig, mild, wunderbarer Duft

Qualität: je nach Erntezeit hervorragende Spitzentees bis einfache Qualitäten, Selfdrinker

Zubereitung: 1 gut gehäufter TL pro Tasse, frisch kochendes Wasser, eventuell etwas Zucker

Ziehzeit: ca. 3 Minuten, Blätter können bei feinen Qualitäten im Wasser bleiben und bittern nicht

Tassenfarbe: hellbraun bis dunkelbraun

Infusion: hellbraun bis dunkelbraun

Haltbarkeit: unbegrenzt

Tipp

Ein tiefbraunes bis schwarzes Blatt und leicht bitterer, brotiger Duft deuten auf einfache Qualität hin, braunes Blatt mit silbrigen Tips und zarter, blumiger Duft hingegen auf feine Sorten. Ideal auch zum Mischen mit Darjeelings.

THAILAND

Tee wächst hier im **Norden Thailands** nahe den Grenzen zu Myanmar und China.

Die während der Sommermonate geernteten Sorten ergeben meist hervorragende und sehr lang haltbare **Oolongs**.

THAILAND OOLONG

Herkunft: nördliches Thailand, Chiang Rai

Erntezeit: Sommer

Blattbeschaffenheit: kleines, offenes, gekräuseltes Oolong-Blatt

Geschmack: brotig und würzig

Qualität: sehr gute Qualität, auch für hartes Wasser ideal, ganz leicht anfermentierter Tee

Zubereitung: Teelöffelboden bedeckende Menge Blätter pro Tasse, abgekochtes, aber wenige Minuten lang wieder erkaltetes Wasser

Ziehzeit: 2 bis 3 Minuten

Tassenfarbe: braun

Infusion: dunkelbraun

Haltbarkeit: 1 bis 2 Jahre

Tipp

eine geschmacklich ideale Tee-Variante, Selfdrinker

INDONESIEN

Auf den **Inseln Sumatra** und **Java** gibt es riesige Teeplantagen, die vollautomatisch Tee produzieren; z. T. vom angelieferten grünen Blatt bis hin zur exportfertigen, containergerechten Palette. Beängstigend – aber modern.

Die Sorten der **Insel Java** ähneln sehr den ceylonesischen Qualitäten, sind leicht fruchtig, dunkelrot abgießend und durchaus haltbare Medium-Tees. Während der Trockenheit im Spätsommer gibt es teilweise die **„Dry Season" Java-Tees**, deren Aroma an Preiselbeeren erinnert.

Tees der **Insel Sumatra** sind in der Qualität das gesamte Jahr über fast gleichbleibend und eignen sich gut als Mischtees. Selten werden diese Sorten in reiner Form angeboten – in Blends, besonders in preiswerten Schwarzteemischungen aus dem Supermarkt, findet man diese Tees aber regelmäßig und in sehr hohem Prozentsatz.

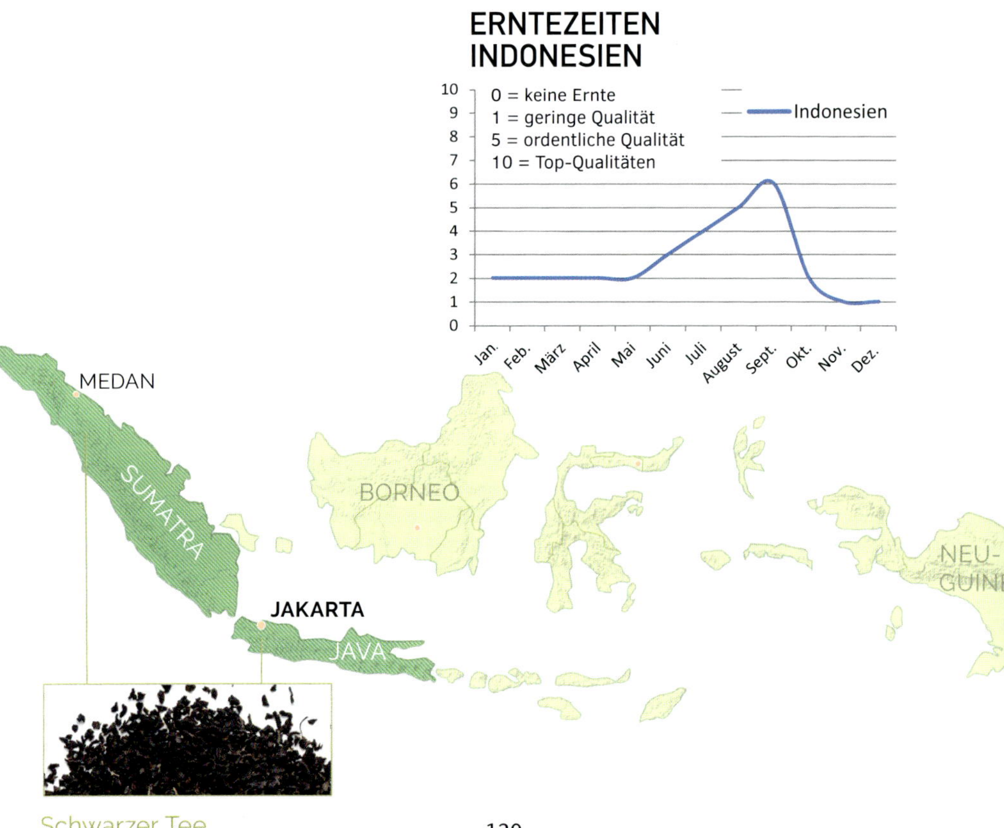

Schwarzer Tee
aus Java und Sumatra

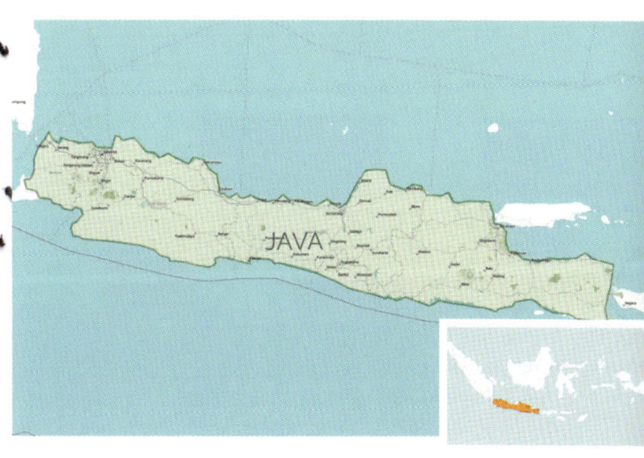

INDONESIEN

Herkunft: Java und Sumatra

Erntezeit: ganzjährig

Blattbeschaffenheit: vorwiegend kleinblättriger Broken mit sehr geringem Tips-Anteil

Geschmack: fruchtig, kräftig

Qualität: ordentlicher Medium-Tee

Zubereitung: 1 gestrichener TL pro Tasse, frisch kochendes Wasser, Zucker, Milch

Ziehzeit: 2 Minuten

Tassenfarbe: rötlich braun

Infusion: braun bis dunkelbraun

Haltbarkeit: 1 bis maximal 2 Jahre

Tipp

Indonesische Broken-Tees finden reichhaltig Verwendung in preiswerten Ostfriesen-Broken-Mischungen. Indonesische Blatt-Tees können, wenn sie relativ frisch sind, geschmacklich eine attraktive Besonderheit sein.

TÜRKEI

Der **Kaukasus** ist eine vielgenutzte Tee-Anbauregion. Die Teegärten der Türkei liegen im nordöstlichen Zipfel des Landes bei **Trabzon** und **Rize** nahe der Grenze zu Georgien.

Hier werden im Juni und Juli vorwiegend orthodoxe Tees für den lokalen Konsum produziert, diese sind allerdings meist sehr hell abgießend und geschmacksarm.

Türkischer Tee
aus dem Kaukasus

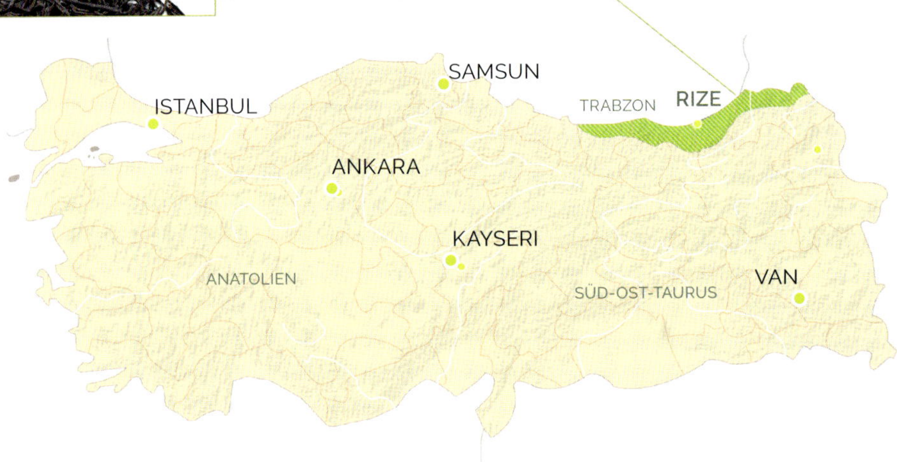

Um dem Abhilfe zu verschaffen, mischt man diese Sorten oft mit Lowgrowns aus Ceylon. Häufig wird zur Zubereitung ein **Samowar** benutzt.

Der türkische Tee litt sehr lange unter den Auswirkungen des Reaktorunfalls in *Tschernobyl*.

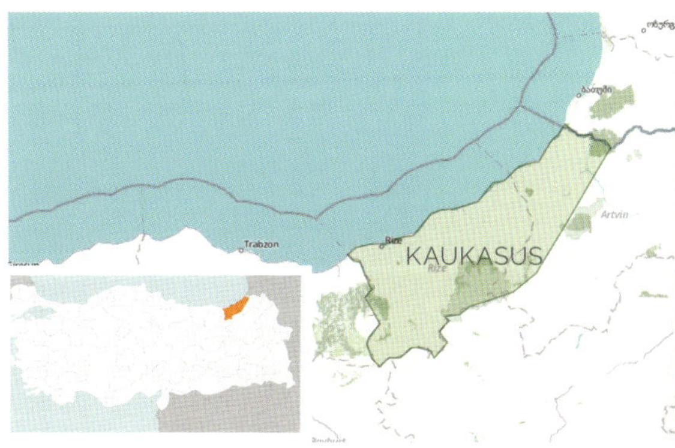

TÜRKISCHER TEE

Herkunft: Türkei, nordöstliche Schwarzmeerküste, Kaukasus

Erntezeit: Mai/Juni

Blattbeschaffenheit: dunkelbraunes bis graues Blatt

Geschmack: neutral, dezent würzig

Qualität: sehr einfacher Tee

Zubereitung: 1 bis 2 TL Blätter pro Tasse, kochendes Wasser, Zucker, Minze

Ziehzeit: ca. 5 Minuten

Tassenfarbe: braun

Infusion: dunkelbraun bis schwarzbraun

Haltbarkeit: ca. 1 Jahr

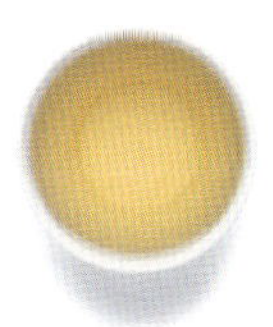

Tipp

Guter Tee für den Samowar, möglichst immer mit Zucker servieren.

AFRIKA

KAIRO
KENIA
NAIROBI
ZANZIBAR
TANSANIA
MOSAMBIK
ZIMBABWE
KAPSTADT

Teeplantagen findet man in sehr vielen Ländern Afrikas, besonders an der Ostküste; im Westen wächst Tee nur in **Kamerun**. Tee-Anbau wird in **Äthiopien, Kenia, Uganda, Burundi, Ruanda, der Demokratischen Republik Kongo, Tansania, Malawi, Mosambik, Simbabwe, der Südafrikanischen Union, La Réunion, Mauritius** und **Madagaskar** betrieben. Besonders in Äquatornähe rund um den **Victoriasee** befinden sich sehr viele Teegärten.

Afrikanischer Tee ist bei uns nicht sehr populär. Einerseits ist dies auf die **CTC-Produktion** zurückzuführen, andererseits entsprechen diese Sorten allgemein nicht unserem Geschmacksempfinden, speziell nicht dem ostfriesischen.

In dem moorigen Regenwasser **Ostfrieslands** entwickeln viele afrikanische Teesorten geradezu einen unangenehmen metallischen Geschmack. Empfehlenswert sind stets möglichst frische Tees – besonders aus **Ruanda** und **Kenia**. Werden sie jedoch älter als ein Jahr, entwickeln sie diesen metallischen Beigeschmack.

Teegebiete Kenia

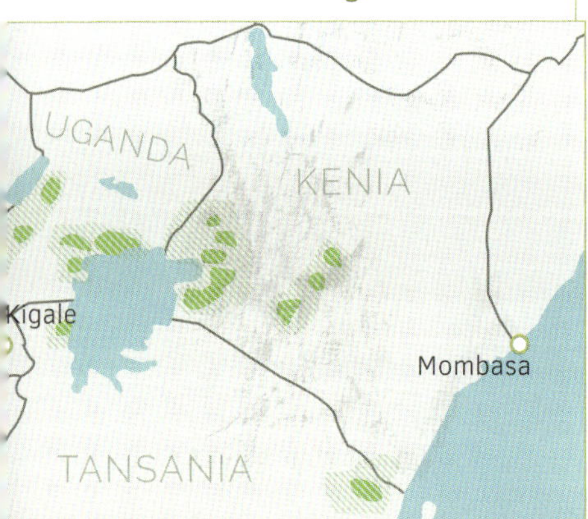

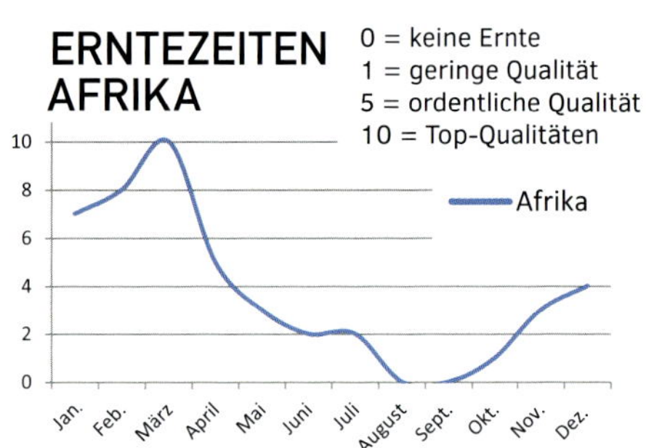

AFRIKANISCHER SCHWARZTEE

Herkunft: Äthiopien, Kenia, Ruanda, Burundi, Uganda, Tansania, Malawi, Mosambik, Simbabwe, Südafrikanische Union, Demokratische Republik Kongo, Kamerun, Mauritius, Madagaskar, La Réunion

Erntezeit: in Kenia, Uganda, Ruanda, Burundi und Tansania ganzjährig, sonst von September/Oktober bis März/April

Blattbeschaffenheit: meist CTC-Blatt, in einigen Teegärten Ruandas und Kenias gelegentlich orthodoxes Verfahren

Geschmack: kräftig, fruchtig

Qualität: gute Medium-Tees

Zubereitung: 1 leicht gehäufter TL Blätter, kochendes Wasser, Milch oder Zitrone, Zucker

Ziehzeit: ca. 2 Minuten

Tassenfarbe: hellrot mit goldenem Touch

Infusion: dunkel- bis hellbraun

Haltbarkeit: 6 bis 9 Monate

Tipp

Beim Einkauf möglichst immer auf besonders frische Tees achten!

Diverse Anbaugebiete

Tee wächst natürlich auch noch in weiteren Gebieten rund um den Äquator. Ich beschreibe diese Anbauflächen allerdings nur oberflächlich, da die Sorten bei uns kaum oder überhaupt nicht im Handel zu finden sind. Dennoch seien sie an dieser Stelle kurz aufgeführt:

Australien
Tee wird hier in Queensland, im Norden des Kontinents, angebaut. Ein qualitativ einfacher, maschinell hergestellter CTC-Tee, der in der heimischen Aufgussbeutel-Industrie sofort Abnehmer gefunden hat.

Papua-Neuguinea
Seit bereits 60 Jahren wir hier ein qualitativ einfacher Tee angebaut. Der Hauptabnehmer ist die benachbarte Hauptlandmasse Australien, gelegentlich gelangen aber auch einige Partien nach Europa oder sogar nach Deutschland. Entweder nutzt man diese Tees in Mischungen oder packt sie als kostengünstige Aufgussbeutel ab.

Süd- und Mittelamerika
Tees aus Argentinien (Provinz Misiones), Peru, Ecuador und Guatemala werden vorrangig in die Vereinigten Staaten exportiert und dort zu Instant-Tee verarbeitet. Brasilianische Sorten, deren Anbauflächen südlich von Sao Paulo liegen, finden hauptsächlich Anklang bei der relativ großen Population japanischer Einwanderer im Lande. Schwarze Tees gelangen gelegentlich in den Export, finden aber auch im Inland Abnehmer.

Georgien und Aserbaidschan
Qualitativ sehr einfache Tees, die hauptsächlich für den russischen Markt mit Importen aus Indien und Zentralafrika vermischt werden. Tee aus Georgien zeigte lange Zeit hohe radioaktive Werte, bedingt durch den Unfall in Tschernobyl.

Vietnam
Trotz intensiver Bemühungen fanden Tees aus Vietnam nicht so recht den Weg in unsere Geschäfte; die qualitativ einfachen Sorten aus dem Süden allerdings gelangen manchmal als Untermischer auch in unsere Blends. Tees aus Nordvietnam können qualitativ sehr anspruchsvoll sein und werden vor allem in Hanoi als Besonderheiten angeboten. Erst wird der hohe lokale Bedarf damit abgedeckt, der Überschuss gelangt schließlich über die Grenzen hinweg nach China.

Bangladesch
Das Hauptanbaugebiet befindet sich südlich von Assam in Sylhet, weshalb sich die Tees dieses Landes grob betrachtet den Assam-Tees zuordnen lassen. Auch rund um die Hafenstadt Chittagong findet man viele Teegärten. Das größte Problem ist jedoch die hohe Luftfeuchtigkeit im Lande, besonders in Chittagong. Schwammartig saugen die vorher getrockneten Teeblätter die Luftfeuchtigkeit auf, was häufig zu einer zweiten Fermentation führt; diese wiederum lässt dann den Geschmack des Tees herb

und bitter, ja teilweise sogar käsig werden. Es wird versucht, diesen Prozess durch eine weitere, vor Verladung durchgeführte Trocknung zu verhindern. So erhalten die Tees einen gerösteten, etwas verbrannten Geschmack.

Malaysia

In den Cameron Highlands wächst Tee, der möglichst schnell getrunken werden sollte, da sich das Aroma nicht sehr lange hält und besonders bei einem Klimawechsel einen fast modrigen Geschmack annimmt.

Demokratische Republik Kongo

Aufgrund der geografischen Lage ist es äußerst schwierig, die Tees dieses Landes schnell zu verladen. Meist bleiben sie in dem tropischen Klima sehr lange liegen, verlieren ihr Aroma und vor allen Dingen den Geschmack. Tees aus dem Kongo werden hierzulande bestenfalls untergemischt, um den Preis niedrig zu halten.

Äthiopien

Einige sehr feine Qualitäten kommen aus dem Hochland Äthiopiens. Die vorwiegend als Aufgussbeuteltee hergestellten Sorten finden sowohl lokal als auch in England Abnehmer.

Kamerun

Sehr feine Tees finden sich hier, die allerdings kaum noch exportiert werden, da der Bedarf im Inland und den angrenzenden Staaten sehr groß ist. Qualitativ vergleichbar mit südindischen oder ceylonesischen Tees.

Azoren

Zwei Plantagen produzieren hier Tee, der nur auf den Azoren, vorwiegend an Touristen, verkauft wird. Qualitativ ist diese Sorte dem Lowgrown Ceylon recht ähnlich.

Iran

Im Elburs-Gebirge befinden sich große Teeplantagen, die zum Teil qualitativ hervorragende Tees herstellen; manche sind durchaus mit Darjeelings vergleichbar. Da der Konsum in Persien sehr hoch ist, werden diese Tees nicht exportiert (Dust-Grade ausgenommen) und mit importierten Sorten aus Indien oder Ceylon vermischt.

Sikkim

In Sikkim (nördliches Indien, Himalaja) befindet sich seit 1969 die Teeplantage Temi, deren Tees manchmal sogar feiner und ausdrucksvoller schmecken als Darjeelings. Allerdings wird häufig die gesamte Jahresproduktion an einen einzigen Interessenten zum Festpreis veräußert, was leider zur Folge hat, dass in solchen Jahren deutlich größerer Wert auf Quantität statt auf Qualität gelegt wird. Die Teeblätter werden beinahe zur selben Zeit geerntet wie jene in Darjeeling.

Weitere Tees

Teemischungen

Tee ist ein Naturprodukt und unterliegt in Geschmack, Aussehen, Blattgröße und Volumen stark den gegebenen Witterungsbedingungen. Regnet es viel, sind die Blätter aufgeschwemmt und dadurch voluminöser, der Geschmack leichter oder wässriger. Bei Trockenheit kann genau das Gegenteil eintreten – intensiver und ausdrucksvoller Geschmack bei niedrigerem Volumen.

Um diese Unterschiede zu überdecken, gelangt Tee häufig als Blend in den Handel. Der Teetrinker wünscht oft eine gleichbleibende Qualität über einen längeren Zeitraum hinweg, was durch ein frühzeitiges Mischen gewährleistet werden kann, beispielsweise schon während des Imports oder im Großhandel. Verschiedene Komponenten unterschiedlicher Anbaugebiete müssen hierzu nach zuvor feinst ausgeklügelten Rezepturen vermengt werden. Ein ostfriesischer Tee wächst nicht in Ostfriesland, ein English Breakfast nicht in England – diese typischen Geschmacksrichtungen werden erst durch Mischungen konzipiert.
So sollte eine klassische ostfriesische Mischung mindestens 80 Prozent Assam beinhalten; häufig wird Tee aus Sri Lanka oder Indonesien hinzugegeben. Ein English Breakfast Blend sollte eigentlich aus zwei Drittel Ceylon-Hochlandtee für den fruchtigen, herben Geschmack und aus einem Drittel Assam-Tee für die kräftige, dunkle Tassenfarbe bestehen. Leider sind diese Tee-Anteile in den Mischungen aber nirgendwo gesetzlich vorgeschrieben. Es darf jeder Tee als „Ostfriesentee" oder „English Breakfast" bezeichnet werden – was bedauerlicherweise auch häufig ausgenutzt wird. Denn das Gesetz schreibt lediglich vor, dass eine Mischung nach dem Hauptbestandteil benannt werden muss. Wenn also 40 Prozent Darjeeling-, 30 Prozent Assam- und 30 Prozent Ceylon-Tee kombiniert werden, darf das Ergebnis als „Darjeeling" in den Handel gelangen.
Der Importeur verkauft diese Blends an den Großhändler, welcher oft etwa 35 Prozent der Darjeelingmischung verwendet und sie wiederum mit 32 Prozent Ceylon und 33 Prozent Chinatee vermischt. Somit gelangt auch diese wilde Kreation als„Darjeeling" auf den Markt.

Earl Grey ist ursprünglich eine Komposition aus Ceylon, Assam, Darjeeling und einem Touch chinesischem Keemun-Tee. Dazu gab man einen Hauch Tarry Lapsang Souchong (Rauchtee), etwas Jasmintee und vielleicht sogar einige wenige Prozente grünen Chun Mee. Diese Mischung wurde mit Filterpapier abgedeckt, auf welches Bergamotte-Öl gesprüht wurde. Täglich mischte man den Tee durch und gab frisches Öl auf das Papier – nach etwa sieben Tagen hatte der homogene Blend den zarten Duft aufgenommen. Beim Trinken dieses Tees erlebte man das Blumige des Darjeelings, die dunkle Tassenfarbe des Assams, die spritzige Frische des Ceylon-Tees, manchmal einen Hauch Rauch- oder Jasminduft – immer begleitet von dem feinen Aroma des Bergamotte-Öls.

Mittlerweile wird das Aroma direkt in den Tee gesprüht und die Zusammensetzung der Mischungen hat sich grundlegend verändert.

OSTFRIESISCHE MISCHUNG

Herkunft: Mischung

Erntezeit: unbestimmt

Blattbeschaffenheit: schwarzes Blatt mit goldenen Tips

Geschmack: vollmundig, würzig, malzig, kräftig

Qualität: von einfach bis qualitativ hochwertig

Zubereitung: 1 gestrichener TL pro Tasse, frisch kochendes Wasser, Zucker/Kandis und Milch/Sahne

Ziehzeit: 2 bis maximal 3 Minuten

Tassenfarbe: dunkles Rotbraun

Infusion: rot- bis schwarzbraun

Haltbarkeit: 2 bis 3 Jahre

Tipp

Beim Einkauf darauf achten, dass einige goldene Tips zu sehen sind. Wichtig sind der dezent malzig-würzige Geschmack und die rotbraune Tassenfarbe.

ENGLISH BREAKFAST TEA

Herkunft: Mischung

Erntezeit: unbestimmt

Blattbeschaffenheit: kleiner, rötlicher Broken-Tee

Geschmack: fruchtig, kräftig, dezent herb

Qualität: von einfach bis hervorragend

Zubereitung: 1 gestrichener TL pro Tasse, frisch kochendes Wasser, Milch, Zucker

Ziehzeit: 1 bis 2 Minuten – bei längerer Ziehzeit kann der Tee bitter werden

Tassenfarbe: hellrot, leicht bräunlich

Infusion: hellbraun, dezent rötlich

Haltbarkeit: 2 bis 3 Jahre

Tipp

Bereiten Sie den Tee doch einmal zu wie die Engländer: einen zusätzlichen TL Blätter nehmen, diese mit frisch kochendem Wasser übergießen und ohne Ziehzeit sofort in die Tassen schenken – danach nochmals kochendes Wasser auf die Blätter. Tee bittert bestimmt nicht und selbst der 2. Aufguss schmeckt hervorragend!

Teemischungen

EARL GREY

Herkunft: Mischung

Erntezeit: unbestimmt

Blattbeschaffenheit: meist schwarzes Blatt, aromatisiert mit Bergamotte-Aroma/-Öl

Geschmack: zitrusartig, fruchtig, kräftig

Qualität: einfache bis recht gute Qualität

Zubereitung: 1 leicht gehäufter TL pro Tasse, frisch kochendes Wasser, Zucker

Ziehzeit: 3 bis 4 Minuten

Tassenfarbe: braun bis rotbraun

Infusion: braun bis schwarzbraun

Haltbarkeit: mit natürlichem Aroma 6 Monate, mit naturidentischem Aroma 2 Jahre

Tipp

Champagner über einen Teelöffel guten Earl Grey durch ein Sieb ins Glas gießen – das Bergamotte-Öl wird aus den trockenen Blättern gewaschen, wodurch zusätzlich auch etwas aufmunterndes Koffein frei wird.

ORANGE BLACK TEA

Herkunft: Mischung

Erntezeit: unbestimmt

Blattbeschaffenheit: vorwiegend gleichmäßiges, schwarzes Blatt gemischt mit Orangenschalenstücken und mit Orangenaroma aromatisiert

Geschmack: fruchtig, Orangenaroma

Qualität: einfache bis recht gute Qualität

Zubereitung: 1 leicht gehäufter TL pro Tasse, frisch kochendes Wasser

Ziehzeit: ca. 3 Minuten

Tassenfarbe: rötlich braun

Infusion: einfache Qualitäten dunkelbraun bis schwarz, bessere Qualitäten hellbraun mit rötlichem Schimmer, durchsetzt mit hellen Orangenschalenstücken

Haltbarkeit: abhängig von den verwendeten Aromen, durchschnittlich aber 6 Monate

Tipp

Da sich besonders natürliches Orangenaroma relativ schnell verflüchtigt, nur die Mengen kaufen, die in einem überschaubaren Zeitraum auch konsumiert werden können. Auch hier gilt: Je frischer der Tee, desto besser der Geschmack!

Teemischungen

RUSSISCHE TEEMISCHUNG

Herkunft: Mischung

Erntezeit: unbestimmt

Blattbeschaffenheit: einheitlicher, schwarzer Blatt-Tee

Geschmack: dezent rauchiger Charakter, mild

Qualität: abhängig von den eingesetzten Teekomponenten – ordentlich bis sehr gut

Zubereitung: in der Teekanne: 1 gehäufter TL Blätter pro Tasse, frisch kochendes Wasser; im Samowar: 2 bis 3 EL Teeblätter in das kleine Kännchen geben, mit frisch kochendem Wasser bedecken und sofort wieder abgießen. Danach Kännchen mit angequollenen Blättern erneut mit kochendem Wasser auffüllen.

Ziehzeit: in der Teekanne bis 3 Minuten, im Samowarkännchen können die Blätter verbleiben – Tee bittert nicht

Tassenfarbe: dunkelrot bis braun

Infusion: abhängig von den eingesetzten Teekomponenten hellbraun bis dunkelbraun

Haltbarkeit: 3 Jahre

Tipp

Selbermischen ist möglich – 33 Prozent Darjeeling-Blatt, 33 Prozent Assam- oder Ceylon-Blatt, 20 Prozent China Keemun, abhängig vom Rauchgeschmack, bis zu 14 Prozent chinesischer Rauchtee
einfacher: je 1 voller TL Darjeeling und Assam/Ceylon, 1 gestrichener TL China Keemun und 1 Prise Tarry Lapsang Souchong

CHAI

Herkunft: Mischung

Erntezeit: unbestimmt

Blattbeschaffenheit: grüner oder schwarzer Blatt-Tee mit Zimt, Nelken, Anis, Ingwer, Kardamom, Koriander, Muskatnuss, Piment, Hibiskus, Apfelstücken, Pfeffer, Orangenschalenstücken

Geschmack: sehr würzig

Qualität: recht intensiv schmeckender Tee

Zubereitung: 1 leicht gehäufter TL pro Tasse, frisch kochendes Wasser, aufschäumen mit Milch und Zucker

Ziehzeit: 3 bis 4 Minuten

Tassenfarbe: dunkelbraun

Infusion: dunkelbraun

Haltbarkeit: knapp 1 Jahr

Tipp

Modetee, in unterschiedlichsten Zusammensetzungen im Handel erhältlich.

Kräutertee

Kräuter haben nicht nur postitive gesundheitliche Wirkungen, sondern können auch ein Genuss sein! Die handelsüblichen Aufgussbeutel sind zwar einfach zu handhaben, der Inhalt ist jedoch immer zu kleinsten Partikeln zerschnitten, um die Ware leichter maschinell verpacken zu können. Dadurch verlieren die Kräuter an Duft und der Geschmack wird häufig recht herb. Die winzigen Blatt-Teilchen werden vom Wasser deutlich intensiver ausgelaugt, was jedoch auch auf die Bitterstoffe zutrifft, die den Geschmack rasch überdecken.

Erkundigen Sie sich doch einmal in Ihrem Teefachgeschäft nach reiner, ungeschnittener Blattware, z. B. Pfefferminz- oder Zitronenverbene-Blätter. Leicht dosiert sind dies wunderbare Getränke, die man aufgrund ihrer medizinischen Wirkung gern gelegentlich, aber möglichst nicht regelmäßig trinken sollte.

Dazu noch ein weiterer wichtiger Tipp:
Gehen Sie bei der Dosierung zurückhaltend vor, denn erst die richtige Menge bringt den Geschmack tatsächlich zur Geltung. Auch können Sie gern ihre eigene Hauskräutermischung herstellen – mischen Sie doch mal Pfefferminzblätter mit grünem Tee oder fügen Sie einer guten Tasse schwarzem Assam- oder Samowartee ein oder zwei frische Minzblätter bei. Zitronengras schmeckt köstlich in Früchteteemischungen, Sie können aber auch ihren eigenen Chai-Tee herstellen und diesem noch etwas Hibiskus und Hagebutte hinzufügen – einfach köstlich.
Sollten Sie Kräuter wie Melisse, Salbei, Minze oder Kamille aus Ihrem eigenen Garten nutzen, achten Sie bitte beim Trocknen darauf, dass sich auch wirklich kein Schimmel an den Pflanzenteilen angesetzt hat.

Viel Freude beim Ausprobieren!

ZITRONENGRAS
(Cymbopogon citratus)

Herkunft: Südostasien

Erntezeit: ganzjährig

Blattbeschaffenheit: für die Küche: ganze blassgrüne Stränge; zum Trinken: ca. 1 cm langer Schnitt in Blattform, zartgrün

Geschmack: erfrischend herb, zitrusartig, leicht pfefferig

Qualität: interessantes, erfrischendes Sommergetränk, auch ideal zum Verfeinern für Früchtetees

Zubereitung: 1 gut gehäufter TL Zitronengras pro Glas, kochendes Wasser, Zucker, Zitrone

Ziehzeit: 5 bis 8 Minuten

Tassenfarbe: zartgelb bis dezent grün

Infusion: gelbgrün

Haltbarkeit: 1 bis 2 Jahre

Tipp

Einige Blätter Zitronengras geben z. B. dem Apfeltee Frische.

Kräutertee

ZITRONENVERBENE
(Aloysia citrodora)

Herkunft: ursprünglich aus Südamerika, mittlerweile auch im mediterranen Bereich beheimatet

Erntezeit: Sommermonate

Blattbeschaffenheit: lange, glatte, zarte, grüne Blätter

Geschmack: frischer Zitronenduft

Qualität: durstlöschendes Getränk

Zubereitung: 6 bis 8 Blätter pro Glas, kochendes Wasser, Zucker oder Honig

Ziehzeit: ca. 5 Minuten

Tassenfarbe: hellgelb bis grün

Infusion: hellgelb mit grünem Touch

Haltbarkeit: 2 Jahre

Tipp

Ideal für einen sommerlichen Eistee.

MINZE
(Mentha)

Herkunft: Regionen mit mildem Klima, z. B. Süddeutschland

Erntezeit: Herbst

Blattbeschaffenheit: ovale, leicht gezackte, frischgrüne Blätter

Geschmack: süßlich, leicht pfefferig, scharf, erfrischend

Qualität: möglichst nur Blattware verwenden

Zubereitung: 4 bis 6 große Blätter pro Glas, kochendes Wasser, Zucker

Ziehzeit: 3 bis 6 Minuten, je nach Bedarf

Tassenfarbe: bräunlich grün

Infusion: gelbgrün

Haltbarkeit: 1 bis 2 Jahre

Tipp

Zu manchem schwarzen Tee passt ein Minzblatt hervorragend dazu (Assam, Lowgrown Ceylon). Minze nicht regelmäßig trinken, da die intensiven ätherischen Öle auf die Magensäfte wirken können.

Kräutertee

KAMILLENBLÜTE (Matricaria chamomilla)

Herkunft: ursprünglich aus Süd- und Osteuropa, mittlerweile überall

Erntezeit: Sommermonate

Blattbeschaffenheit: gelbe Staubgefäße mit weißen Blättern, ganze Blüte

Qualität: frische Ware duftet intensiv

Zubereitung: 1 gehäufter TL Blüten pro Becher, kochendes Wasser

Ziehzeit: trinkbereit nach ca. 5 Minuten

Tassenfarbe: gelblich

Infusion: gelblich

Haltbarkeit: 1 bis 2 Jahre

Tipp

Wenn Kamillenblüten älter werden, zerbröckeln sie. Idealer Haustee bei Magen- und Darmbeschwerden und zum Inhalieren, schmeckt aber auch als Tee sehr gut.

ZITRONENMELISSE (Melissa officinalis)

Herkunft: ursprünglich aus Mittelmeerländern und Südostasien, mittlerweile aber auch in allen milderen Klimazonen

Erntezeit: Sommermonate

Blattbeschaffenheit: kleines, gezacktes, mittelgrünes Blatt

Geschmack: Zitrone mit Minze

Qualität: möglichst nur kleine Blätter verwenden, da die großen bereits erdig und staubig schmecken können

Zubereitung: 4 bis 6 Blätter pro Glas, kochendes Wasser, Zucker oder Honig

Ziehzeit: ca. 5 Minuten

Tassenfarbe: gelbliches Grün

Infusion: gelbgrün

Haltbarkeit: getrocknet 4 bis 5 Monate, möglichst frisch verwenden

Tipp

Getrocknete Blätter innerhalb eines halben Jahres verwenden, da sie sonst ihren Geschmack verlieren und zu Staub zerbröckeln.

LINDENBLÜTENBLÄTTER (Tilia platyphyllos oder Tilia cordata)

Herkunft: Europa

Erntezeit: wenige Tage nach Blütezeit im Frühling/Sommer

Blattbeschaffenheit: Blüte und Blätter

Geschmack: mildwürzig

Qualität: milder Haustee

Zubereitung: 1 EL pro Becher, kochendes Wasser

Ziehzeit: 8 bis 10 Minuten

Tassenfarbe: goldrot

Infusion: gelblich bis golden

Haltbarkeit: im Erntejahr verwenden

Tipp

Anwendung bei fiebrigen Erkältungen und Migräne, wirkt hustenstillend.

FENCHELSAMEN
(Foeniculi fructus)

Herkunft: ursprünglich Mittelmeerländer

Erntezeit: Spätsommer/Herbst

Blattbeschaffenheit: kleine Samenkörner

Qualität: je frischer, desto intensiver der Geschmack

Zubereitung: 1 TL Fenchelsamen im Mörser zerdrücken, kochendes Wasser

Ziehzeit: 5 bis 10 Minuten

Tassenfarbe: gelblich

Haltbarkeit: 2 bis 3 Jahre

Tipp

Wirksam bei Blähungen und Bauchschmerzen; wird gern auch Kleinkindern zur Beruhigung gegeben.

Früchtetee

Früchtetee-Mischungen bestehen vorwiegend aus getrockneten Apfel- und Orangenschalenstücken, Hibiskusblüten sowie Hagebuttenschalen. Getrocknete Apfelstücke geben dem Getränk einen milden Fruchtgeschmack, die Hibiskusblüten sorgen für die tiefrote Tassenfarbe, Hagebuttenschalen erfrischen mit ihrem Zitrusaroma und die Orangenschalenstücke können der Mischung zusätzlich einen leicht fruchtigen Touch geben.

Preiswerte Sorten werden mit Apfeltrester anstatt Apfelstücken gemischt. Die im Handel angebotenen Tees sind meist zusätzlich aromatisiert; weitere Blüten oder Blätter beeinflussen den Geschmack wenig und dienen meist lediglich der Optik.

FRÜCHTETEE

Herkunft: Standardmischung

Erntezeit: unbestimmt

Blattbeschaffenheit: grobe Fruchtstücke

Geschmack: fruchtig herb

Qualität: variiert je nach Zusammensetzung

Zubereitung: 1 gehäufter TL pro Tasse, frisch kochendes Wasser

Ziehzeit: bis zu 5 Minuten

Tassenfarbe: zumeist dunkelrot – abhängig von der Zusammensetzung

Infusion: hellgelb mit dunkelroten Teilen

Haltbarkeit: 1 Jahr

Tipp

Gestalten Sie aus einem Früchtetee einen Cocktail – 1 EL Zucker/Grenadinesirup, ¼ l Orangen- und/oder Apfelsaft, einen Fruchtspieß mit drei frischen Früchten, evtl. Zuckerrand – ein geschmackliches und optisches Highlight nicht nur für Kinderpartys!

Früchtetee

MALVENTEE/HIBISKUSTEE

Malventee – bei uns besser als Hibiskustee bekannt – wird aus den getrockneten Blüten der Hibiskuspflanze hergestellt. Der recht säuerliche Geschmack ist sehr erfrischend. Hibiskus wird nahezu auf allen Kontinenten angebaut und getrunken. Die Tassenfarbe ist meist ein sattes Dunkelrot. Die hier im Handel angebotenen Sorten stammen häufig aus Nordafrika, Ägypten oder dem Sudan. Wenn geschnitten, geben Malvenblüten dem Früchtetee seine intensive Farbe und passen harmonisch zum weichen Geschmack der Apfelstücke.

HAGEBUTTE

Für den Hagebuttentee verwendet man die im Spätherbst geernteten Früchte der Wildrose, vorrangig die getrockneten Schalen. Hagebutte ist süßsauer im Geschmack, färbt die Tasse rosarot und beinhaltet sehr viel Vitamin C. Zusätzlich sind die Vitamine A, B1 und B2 in der Schale nachgewiesen worden. Auch Hagebutte ist ein wichtiger Bestandteil guter Früchtetee-Mischungen.

TÜRKISCHER APFELTEE

Der Geschmack hängt stark von den verwendeten Apfelsorten ab. Auch färben die Stücke das Wasser kaum, weshalb türkischer Apfeltee häufig mit Zitrone oder Limone gemischt angeboten wird (die Zusammensetzung des Produktes ist meist auf den Packungen vermerkt). In der Türkei ist Instant-Apfeltee weit verbreitet und recht beliebt. Apfelstücke sind Hauptbestandteil vieler Früchtetee-Mischungen.

ORANGENSCHALENSTÜCKE

Getrocknete Orangen- und Zitronenschalenstücke werden im Tee vorrangig aus optischen Gründen verwendet, denn geschmacklich könnten sie sich erst in hoher Dosierung durchsetzen. Sie sind ebenso klassischer Bestandteil vieler Früchtetee-Mischungen.

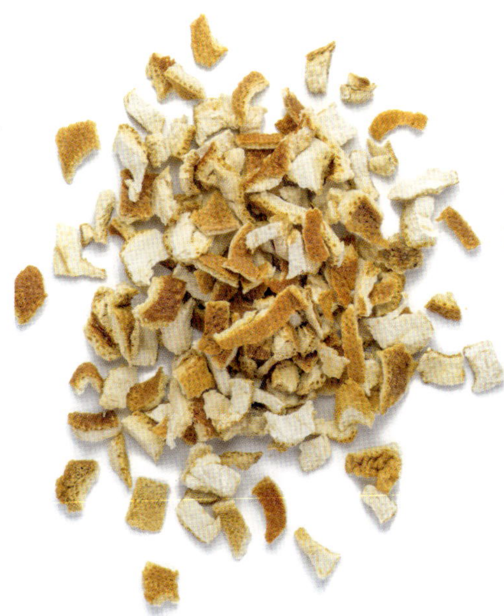

Diverse Tees

ROOIBOSTEE

Rooibos wächst ausschließlich in der Südafrikanischen Union. Die strauchartigen Büsche werden im dortigen Herbst – also Januar bis März – vollkommen zurückgeschnitten und die gesamte Ernte zur Herstellung des Tees verwendet – Blätter, Blattstiele, Zweige und sogar Äste. Die klein geschnittenen Teile werden häufig im Anschluss luftgetrocknet, einige Fabriken setzen dafür aber bereits Trocknungsmaschinen ein.

Rooibos wird in mehreren Schnittlängen angeboten, vom Aufgussbeutel-Format bis hin zu lose abgepackter Ware. Grüner Rooibos spielt eine lediglich untergeordnete Rolle, als Standardware wird vorwiegend roter verwendet; qualitative Unterschiede gibt es bei der Rohware allerdings nicht.
Rooibos wird bei uns häufig aromatisiert angeboten. Die darin enthaltenen Blüten, Blätter und Stängel dienen meist nur einer ansprechenderen Optik. Geschmack geben sie nur, wenn es sich um Gewürztees handelt.

Herkunft: Südafrikanische Union

Erntezeit: Februar bis April

Blattbeschaffenheit: kleine, rote Blatt- und Stängelteile des Rooibosstrauches, mit braunen Blattrippen gemischt

Geschmack: herb, zitronig, fruchtig

Qualität: koffeinfreies, durstlöschendes Getränk

Zubereitung: 1 gehäufter TL pro Tasse, frisch kochendes Wasser

Ziehzeit: 3 bis 4 Minuten – auch länger möglich

Tassenfarbe: tiefrot

Infusion: rotbraun

Haltbarkeit: 2 bis 3 Jahre

Tipp

Es existiert nur eine Rooibosqualität, die als Grundlage unterschiedlicher aromatisierter Sorten dient.

MATE-TEE

Herkunft: ausschließlich in Südamerika: Uruguay, Paraguay, Argentinien, Brasilien, Chile

Erntezeit: Mai bis September (Winterzeit in Südamerika)

Blattbeschaffenheit: grüner Mate:
frische Blätter, Blatt- und Blütenstiele;
gerösteter (brauner) Mate: Blätter, Blattstiele, ganze Äste
Für beide Arten wird das geerntete Material klein geschnitten.

Geschmack: abhängig von der Anzahl der durchgeführten Aufgüsse sehr herb/bitter bis mild, dezent fruchtig

Qualität: sehr koffeinhaltig, Gerbstoffe und Vitamine A, B1, B2, C

Zubereitung: klassich in ausgehöhlten, getrockneten Flaschenkürbissen, heißes, nicht kochendes Wasser

Ziehzeit: Blätter verbleiben in der Kalebasse („Guampa“ genannt)

Tassenfarbe: grünlich-gelb

Haltbarkeit: 1 bis 2 Jahre

Tipp

Mate durch ein Metalltrinkrohr („Bombilla“) trinken.
Mate kann mit Zucker, Milch oder Minze getrunken werden.

Diverse Tees

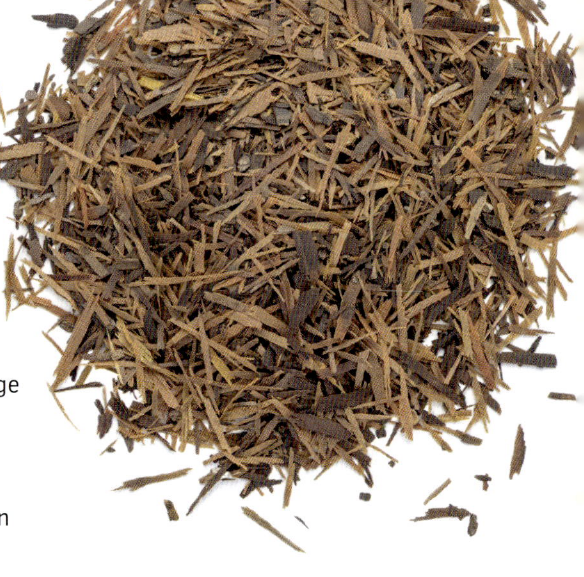

LAPACHO

Herkunft: Mittel- und Südamerika

Erntezeit: abhängig von der Nachfrage

Blattbeschaffenheit: Innenrinde des Lapacho-Baumes, ähnelt Holzspänen

Geschmack: entsprechend der Dosierung erdig mit leicht süßlichen Vanillenoten

Qualität: beinhaltet Eisen, Kalzium, Kalium und viele Spurenelemente wie Bor, Strontium, Jod, Barium – allerdings koffeinfrei!

Zubereitung: 1 bis 2 TL gemahlene Rinde pro Tasse, 20 Minuten im Wasser kochen

Ziehzeit: ca. 15 Minuten abgedeckt ziehen lassen

Tassenfarbe: bräunlich

Haltbarkeit: bis zu 4 Jahre

Tipp

Kann auch verdauungsanregende und entspannende Wirkung haben. In Südamerika wird Lapacho als Allheilmittel verwendet.

LONGVIEW
A SIGN OF

Register
Teearten

Register

Stichwörter

Register
Stichwörter

Die Genussbibel für Teegenießer

Kennen Sie den Unterschied zwischen Ceylon Highgrown Orange Pekoe und Ceylon Broken? Sind Aufgussbeutel zu empfehlen? Was ist eigentlich Pu-Erh-Tee, und was macht grünen Tee so besonders gesund?

Tee-Experte Rainer Schmidt lotst Sie dank jahrzehntelanger Erfahrung sicher zu den besten Sorten. Er erklärt, wie erlesene Tees richtig zubereitet werden und was es in puncto Wasserqualität zu beachten gilt. Ausführliche theoretische Hintergrundinformationen zu Herkunftsgebieten, Anbau und Verarbeitung, eine umfassende Warenkunde und Spannendes aus der Geschichte ergänzen das reich bebilderte Standardwerk.

9 783991 001041

Rainer Schmidt
Das Teebuch
€24,90 | ISBN 978-3-99100-104-1

Danke

Mein Dank richtet sich besonders an Herrn Christian Jürgs vom Teeimporthaus Hälssen & Lyon, Hamburg, für Hinweise, Bio-Tipps und Anschauungsmaterial.
Danke auch an Mr. Ajay Kichlu, Chamong Tea Exports, Kolkata, an Präsidenten Jay Shree, Tea & Industries, Kolkata, Mr. Subrata Basu und Mr. Anselm Pereira von der Firma EuroScan Tea, Colombo/Sri Lanka. Problemlos und unverzüglich wurden mir gewünschte Informationen zur Verfügung gestellt.

Last but not least auch ein großes Danke an meine Familie. Meine liebe Frau Inge lauscht auch nach so vielen Jahren immer noch geduldig meinen „Tee-Neuigkeiten", mein Sohn Henning – Hamburger Teespeicher, Hamburg – half mir sehr bei der Beschaffung von ausgesuchten Teeproben und meine Tochter Katrin findet mit ihrem ausgeprägt feinen Geruchssinn traumsicher immer den besten Tee.

Die Teegarteninformationen habe ich z. T. den Homepages der Teegärten entnommen, sofern das möglich war. Alle weiteren Informationen stammen aus meinem privaten Archiv. Für die Aufstellungen der Wasserhärte sowie der Teegarten-Informationen aus Darjeeling und Assam gilt der Stand Sommer 2016.

Bibliografische Information der Deutschen Nationalbibliothek
Die Deutsche Nationalbibliothek verzeichnet diese Publikation in der Deutschen Nationalbibliografie; detaillierte bibliografische Daten sind im Internet über http: / / dnb.d-nb.de abrufbar.

1. Auflage 2016

Servitengasse 5, A-1090 Wien
www.braumueller.at

Fotos (Innenteil):

Olaf Tamm: S. 9 (Bearbeitung Elisabeth Baumgartner), 11, 12, 15, 16, 18, 26, 27 rechts, 29, 39, 40, 43 (Bearbeitung, Karte Elisabeth Baumgartner), 45 rechts, 48-71, 72, 73, 74 links, 75 rechts, 86-97, 99, 101 rechts, 102-105, 109-113, 115, 117, 119, 120 unten, 121, 122 links, 123, 124 unten, 125, 130-135, 137-143, 145-150

Kurt Michael Westermann: S. 2, 3 unten, 14, 28, 38, 129, 151
Inge & Rainer Schmidt: S. 4, 6, 46, 144

Coverfotos:
Vorne (basierend auf): shutterstock.com | © Africa Studio
Hinten (von links nach rechts): (1) Olaf Tamm; (2), (3), (4) K. M. Westermann; (5) Elisabeth Baumgartner

Karten:
Openstreetmap.org | © OpenStreetMap-Mitwirkende (CC BY-SA 2.0): S. 48-71, 86-97, 99, 102-105, 109-113, 115, 117, 119, 121, 123, 125
Elisabeth Baumgartner: S. 3 rechts oben, 8, 44-45, 74-75, 98, 101, 106-107, 114, 116, 118, 120, 122, 124

Andere Bezugsquellen:
szefei/iStockphoto: S. 3 (Bearbeitung Elisabeth Baumgartner); winterling/iStockphoto: S. 27 links; Archiv Braumüller Verlag: S. 37; © Darjeeling Tea Association, Kalkutta: S. 82-83; © Alexandra Schepelmann mit Bildmaterial von rimglow/iStockphoto: S. 5

Druck: Gorenjski tisk storitve, SI-4000 Kranj
ISBN 978-3-99100-185-0